中华人民共和国
反间谍法
学习问答

含典型案例 · 草案说明 · 新旧对照

法律出版社法规中心 / 编

法律出版社
LAW PRESS · CHINA
北京

图书在版编目(CIP)数据

中华人民共和国反间谍法学习问答 / 法律出版社法规中心编. -- 北京 : 法律出版社, 2023 (2024.10 重印)
ISBN 978-7-5197-7703-6

Ⅰ. ①中… Ⅱ. ①法… Ⅲ. ①反间谍法–中国–问题解答 Ⅳ. ①D924.315

中国国家版本馆 CIP 数据核字(2023)第 048797 号

中华人民共和国反间谍法学习问答
ZHONGHUA RENMIN GONGHEGUO FANJIANDIEFA XUEXI WENDA

法律出版社法规中心 编

责任编辑 董 昱 张红蕊
装帧设计 汪奇峰

出版发行 法律出版社
编辑统筹 法规出版分社
责任校对 陶玉霞
责任印制 耿润瑜
经　　销 新华书店

开本 A5
印张 5　**字数** 120 千
版本 2023 年 5 月第 1 版
印次 2024 年 10 月第 2 次印刷
印刷 固安华明印业有限公司

地址:北京市丰台区莲花池西里 7 号(100073)
网址:www.lawpress.com.cn
投稿邮箱:info@lawpress.com.cn
举报盗版邮箱:jbwq@lawpress.com.cn
销售电话:010-83938349
客服电话:010-83938350
咨询电话:010-63939796

书号:ISBN 978-7-5197-7703-6
定价:26.00 元

目　　录

学习问答

第一章　总　　则

01 《中华人民共和国反间谍法》的立法目的是什么？/ 003
02 什么是国家安全？/ 003
03 反间谍工作应该坚持什么原则？/ 003
04 维护国家安全应当坚持的基本原则是什么？/ 004
05 什么是间谍行为？/ 004
06 《中华人民共和国反间谍法》所称“间谍组织代理人”指什么？/ 005
07 《中华人民共和国反间谍法》所称“资助”实施危害中华人民共和国国家安全的间谍行为有哪些？/ 006
08 《中华人民共和国反间谍法》所称“勾结”实施危害中华人民共和国国家安全的间谍行为有哪些？/ 006
09 什么是情报？/ 007
10 对为境外机构、组织、人员窃取、刺探、收买、非法提供国家秘密之外的情报的行为，应如何处罚？/ 007

11 什么是反间谍工作协调机制? / 008
12 反间谍工作的主管机关是谁? / 008
13 公安、保密等有关部门和军队有关部门在反间谍工作中的职责是什么? / 008
14 我国公民、国家机关和武装力量、各政党和各人民团体、企业事业组织和其他社会组织在反间谍工作中的义务是什么? / 008
15 哪些主体负有维护国家安全的责任和义务? / 009
16 公民和组织能泄露在反间谍工作中所知悉的国家秘密和反间谍工作秘密吗? / 009
17 什么是国家秘密? / 010
18 国家如何对在反间谍工作中做出重大贡献的个人和组织给予肯定? / 010
19 国家对支持、协助反间谍工作的个人和组织给予保护,对做出重大贡献的个人和组织给予表彰和奖励,“重大贡献”的判断标准是什么? / 010
20 对举报危害国家安全行为的公民实施奖励的总体原则是什么? / 011
21 符合什么条件,举报危害国家安全行为能获得举报奖励? / 011
22 在什么情形下,对于举报危害国家安全的行为不予奖励或者不予重复奖励? / 012
23 对于两人及两人以上举报危害国家安全的行为,奖励规则是什么? / 013

24 对于举报危害国家安全的行为，国家安全机关如何确定奖励等级？ / 013
25 对于举报危害国家安全的行为，如何进行精神奖励及物质奖励？ / 013
26 以发放奖金方式对举报危害国家安全的行为进行奖励的具体标准是什么？ / 014
27 对于举报危害国家安全的行为，如何启动奖励程序？ / 014
28 举报危害国家安全行为的举报人，领取奖励的期限是多久？ / 015
29 在公民举报危害国家安全行为中及对举报人的奖励程序中，在哪些情形下，国家安全机关工作人员可能承担纪律及法律责任？ / 015
30 举报危害国家安全行为的举报人，在哪些情形下可能承担纪律及法律责任？ / 016
31 举报危害国家安全行为的举报人所在单位存在哪些情形，应依法予以处理？ / 017
32 国家应当如何对待在维护国家安全工作中做出突出贡献的个人和组织？ / 017
33 《中华人民共和国反间谍法》所称“境外机构、组织”包括哪些机构和组织？ / 017
34 《中华人民共和国反间谍法》所称“境外个人”包括哪些人？ / 018
35 如何规制境外机构、组织、个人的间谍行为？ / 018

36 国家安全机关及其工作人员，在反间谍工作中，如何遵守保密纪律？/ 018

第二章 安全防范

37 国家机关、人民团体、企业事业组织和其他社会组织的反间谍安全防范职责是什么？/ 020
38 地方各级人民政府、相关行业主管部门的反间谍安全防范职责是什么？/ 020
39 国家安全机关的反间谍安全防范职责是什么？/ 020
40 各级人民政府、有关部门、新闻等单位以及国家安全机关如何进行反间谍宣传教育？/ 021
41 个人和组织能非法获取、持有属于国家秘密的文件、数据、资料、物品吗？/ 021
42 什么是“非法持有属于国家秘密的文件、资料和其他物品”？/ 021
43 个人和组织能生产、销售、持有、使用专用间谍器材吗？/ 022
44 什么是“专用间谍器材”？/ 022
45 公民和组织发现间谍行为，向谁举报？/ 023
46 公民可以通过哪些方式向国家安全机关举报？/ 023
47 实名或者匿名举报危害国家安全行为的举报人应当提供哪些身份信息？/ 023
48 如何保护举报危害国家安全行为的公民？/ 024

49 国家安全机关如何通过宣传，提高公民举报危害国家安全行为的积极性、主动性？／024
50 反间谍安全防范相关制度有哪些？／025
51 反间谍安全防范重点单位应如何对工作人员进行反间谍安全防范？／025
52 反间谍安全防范重点单位如何进行日常安全防范？／025
53 反间谍安全防范重点单位如何进行反间谍技术防范？／026
54 在重要国家机关、国防军工单位和其他重要涉密单位以及重要军事设施的周边安全控制区域内新建、改建、扩建建设项目的，需要履行什么特别手续？／026
55 县级以上地方各级人民政府编制国民经济和社会发展规划、国土空间规划等有关规划时，需要考虑国家安全因素吗？／026
56 如何划定安全控制区域？／027
57 国家安全机关如何落实反间谍技术防范措施？／027
58 机关、团体、企业事业组织和其他社会组织的反间谍安全防范工作职责是什么？／027
59 对国家安全机关及其工作人员在履行反间谍安全防范指导和检查工作职责时的保密要求是什么？／028
60 反间谍主管部门应当履行哪些反间谍安全防范监督管理责任？／028
61 机关、团体、企业事业组织和其他社会组织落实反间谍安全防范主体责任时，应当履行哪些义务？／029

62 如何确定反间谍安全防范重点单位名录? / 030
63 反间谍安全防范重点单位应履行哪些义务? / 030
64 未列入反间谍安全防范重点单位名录的关键信息基础设施运营者应履行哪些义务? / 031
65 列入反间谍安全防范重点单位名录的关键信息基础设施运营者应履行哪些义务? / 032
66 国家安全机关可以通过哪些方式,对机关、团体、企业事业组织和其他社会组织落实反间谍安全防范责任进行指导? / 034
67 国家安全机关如何向学校的师生开展反间谍安全防范教育? / 035
68 国家安全机关如何在科研行业开展反间谍安全防范教育? / 035
69 国家安全机关如何开展群众性反间谍安全防范宣传教育? / 036
70 国家安全机关如何提高公众反间谍安全防范意识? / 036
71 公民、组织如何举报间谍行为和其他危害国家安全的行为,以及各类反间谍安全防范问题线索? / 036
72 国家安全机关如何保护举报人的安全? / 037
73 在什么情况下,在反间谍安全防范工作中取得显著成绩或者做出重大贡献的单位和个人,可以获得表彰、奖励? / 037

74 在什么情况下，国家安全机关可以对机关、团体、企业事业组织和其他社会组织开展反间谍安全防范检查？ / 038
75 国家安全机关可以通过什么方式对机关、团体、企业事业组织和其他社会组织的反间谍安全防范工作进行检查？ / 038
76 在什么情况下，国家安全机关可以开展反间谍技术防范检查检测？ / 039
77 国家安全机关可以通过哪些方式开展反间谍技术防范检查检测？ / 039
78 国家安全机关开展反间谍技术防范检查检测时，应注意什么？ / 040
79 在开展反间谍技术防范检查检测中，为防止危害发生或者扩大，国家安全机关可以采取什么措施？ / 040
80 国家安全机关完成反间谍安全防范检查后，如何向被检查单位反馈？ / 041
81 在反间谍安全防范工作中，在什么情形下，国家安全机关可以依法责令机关、团体、企业事业组织和其他社会组织限期整改？ / 041
82 境外窃取、刺探、收买、非法提供国家秘密或者情报，对国家和人民危害特别严重、情节特别恶劣的，应当如何处罚？ / 042
83 为境外窃取、刺探、收买、非法提供国家秘密或者情报，哪些情形属于“情节特别严重”？ / 042

84 为境外窃取、刺探、收买、非法提供机密级国家秘密的,应当如何处罚? / 043
85 为境外窃取、刺探、收买、非法提供三项以上秘密级国家秘密的,应当如何处罚? / 043
86 为境外窃取、刺探、收买、非法提供国家秘密或者情报,对国家安全和利益造成其他严重损害的,应当如何处罚? / 044
87 为境外窃取、刺探、收买、非法提供秘密级国家秘密或者情报,“情节较轻”的,应当如何处罚? / 044
88 行为人知道或者应当知道没有标明密级的事项关系国家安全和利益,而为境外窃取、刺探、收买、非法提供的,应当如何处罚? / 045
89 通过互联网将国家秘密或者情报非法发送给境外的机构、组织、个人的,应当如何处罚? / 045
90 审理为境外窃取、刺探、收买、非法提供国家秘密案件,需要对有关事项是否属于国家秘密以及属于何种密级进行鉴定的,由哪个部门进行? / 046
91 在反间谍安全防范工作中被要求整改的,未按照要求整改或者未达到整改要求的后果是什么? / 046
92 机关、团体、企业事业组织和其他社会组织及其工作人员未履行或者未按照规定履行反间谍安全防范责任和义务,造成不良后果或者影响的,应承担什么后果? / 047

93 国家安全机关及其工作人员在反间谍安全防范指导和检查工作中，滥用职权、玩忽职守、徇私舞弊的，应承担什么后果？／047

第三章　调查处置

94 国家安全机关工作人员执行反间谍工作任务时，可以查验相关人员的身份证明、问询情况和查看随带物品吗？／048

95 国家安全机关工作人员依法执行反间谍工作任务时，需要出示证件吗？／048

96 国家安全机关工作人员依法执行反间谍工作任务时，可以查验有关个人和组织的电子设备、设施及有关程序、工具吗？／049

97 国家安全机关执行反间谍工作紧急任务的车辆，可以配置特别通行标志和警灯、警报器吗？／049

98 国家安全机关工作人员依法执行反间谍工作任务时，可以查阅、调取有关的文件、数据、资料、物品吗？／050

99 国家安全机关工作人员如何传唤违反《中华人民共和国反间谍法》的人员？／050

100 国家安全机关调查间谍行为，可以依法对涉嫌间谍行为的人身、物品、场所进行检查吗？／051

101 国家安全机关调查间谍行为，可以查询涉嫌间谍行为人员的相关财产信息吗？／051

102 国家安全机关调查间谍行为，可以采取查封、扣押、冻结措施吗？/ 052

103 国家安全机关工作人员在反间谍工作中采取查阅、调取、传唤、检查、查询、查封、扣押、冻结等措施时，应注意什么？/ 052

104 在国家安全机关调查了解有关间谍行为的情况、收集有关证据时，个人和组织能拒绝吗？/ 052

105 对出境后可能对国家安全造成危害，或者对国家利益造成重大损失的中国公民，以及涉嫌间谍行为人员，可以不准出境吗？/ 053

106 对入境后可能进行危害中华人民共和国国家安全活动的境外人员，可以不准其入境吗？/ 053

107 不准出境或者不准入境，如何执行及撤销？/ 053

108 国家安全机关发现涉及间谍行为的网络信息内容或者网络攻击等风险的，应当怎么做？/ 054

109 经采取相关措施，涉及间谍行为的网络信息内容或者网络攻击等风险已经消除的，国家安全机关和有关部门应该怎么做？/ 054

110 国家安全机关因反间谍工作需要，可以采取哪些措施？/ 055

111 需要对有关事项是否属于国家秘密或者情报进行鉴定以及需要对危害后果进行评估的，由哪个部门负责？/ 055

112 国家安全机关经调查，发现间谍行为涉嫌犯罪的，应当怎么做？／055

第四章　保障与监督

113 国家安全机关依法调查间谍行为，哪些单位应当提供必要的支持和协助？／056
114 国家安全机关工作人员执行紧急任务，享有哪些通行便利？／056
115 国家机关工作人员依法执行任务时，可以进入哪些地方？／056
116 国家安全机关因反间谍工作需要，可以优先使用或者依法征用哪些物资？／057
117 国家安全机关因反间谍工作需要，可以享有哪些通关便利？／057
118 国家安全机关工作人员因执行任务，个人因协助执行反间谍工作任务，本人或其近亲属的人身安全受到威胁时，由哪个机关予以保护、营救？／058
119 个人因支持、协助反间谍工作，本人或者其近亲属的人身安全面临危险的，可以向哪个部门请求予以保护？／058
120 个人和组织因支持、协助反间谍工作导致财产损失的，应当如何处理？／058
121 应当如何对待为反间谍工作做出贡献并需要安置的人员？／059

122 哪些部门应当协助国家安全机关做好为反间谍工作做出贡献并需要安置人员的安置工作? / 059
123 国家对哪些开展反间谍工作或支持、协助反间谍工作的人员给予相应的抚恤优待? / 059
124 对反间谍领域科技创新,国家持何种态度? / 060
125 如何提升反间谍工作能力? / 060
126 国家安全机关如何落实内部监督和安全审查制度? / 060
127 国家机关工作人员在国家安全工作和涉及国家安全活动中,滥用职权、玩忽职守、徇私舞弊的,应当如何处理? / 061
128 个人和组织发现国家安全机关及其工作人员超越职权、滥用职权和其他违法行为,有权怎么做? / 061
129 受理检举、控告的国家安全机关或者监察机关、人民检察院等有关部门应当履行什么职责? / 061
130 对支持、协助国家安全机关工作或者依法检举、控告的个人和组织,任何个人和组织不得怎么做? / 062
131 国家机关工作人员对控告人、申诉人、批评人、举报人实行报复陷害的,如何处罚? / 062

第五章　法律责任

132 实施间谍行为,构成犯罪的,如何处罚? / 063
133 个人实施间谍行为,尚不构成犯罪的,如何处罚? / 063
134 明知他人实施间谍行为,为其提供支持、协助,或者窝藏、包庇,尚不构成犯罪的,如何处罚? / 063

135 明知是犯罪的人而为其提供隐藏处所、财物，帮助其逃匿或者作假证明包庇的，应如何处罚？／064
136 单位实施间谍行为或者为他人实施间谍行为提供支持、协助、窝藏、包庇，尚不构成犯罪的，如何处罚？／064
137 对相关单位、人员的间谍违法行为，国家安全机关可以提出哪些处罚建议？／065
138 对于实施间谍行为，有自首或者立功表现的，应如何处理？／065
139 实施间谍行为后的“立功表现”有哪些？／066
140 实施间谍行为后的“重大立功表现”有哪些？／066
141 参加间谍组织、敌对组织，从事危害中华人民共和国国家安全的活动，在什么情况下可以不予追究？／067
142 《中华人民共和国反间谍法》所称“敌对组织”指什么？／067
143 参加间谍组织或者接受间谍组织及其代理人的任务，或者为敌人指示轰击目标，危害国家安全的，应当负何种刑事责任？／068
144 相关主体未履行反间谍安全防范义务的法律责任有哪些？／068
145 违反《中华人民共和国反间谍法》规定新建、改建、扩建建设项目的，应当如何处罚？／069
146 邮政、快递等物流运营单位和电信业务经营者、互联网服务提供者，对国家机关依法调查间谍行为，未提供必要的支持和协助的，应当如何处罚？／069

147 拒不配合数据调取的，应如何处罚？ / 070
148 非法持有属于国家绝密、机密的文件、资料或者其他物品，拒不说明来源与用途的，应当负何种刑事责任？ / 070
149 违反《中华人民共和国反间谍法》规定，泄露有关反间谍工作的国家秘密的，应当如何处罚？ / 070
150 违反《中华人民共和国反间谍法》规定，明知他人有间谍犯罪行为，在国家安全机关向其调查有关情况、收集有关证据时，拒绝提供的，应当如何处罚？ / 071
151 明知他人有间谍犯罪或者恐怖主义、极端主义犯罪行为，拒绝向司法机关提供，情节严重的，应当负何种刑事责任？ / 071
152 违反《中华人民共和国反间谍法》规定，故意阻碍国家安全机关依法执行任务的，应当如何处罚？ / 071
153 违反《中华人民共和国反间谍法》规定，隐藏、转移、变卖、损毁国家安全机关依法查封、扣押、冻结的财物的，应当如何处罚？ / 072
154 违反《中华人民共和国反间谍法》规定，明知是间谍行为的涉案财物而窝藏、转移、收购、代为销售或者以其他方法掩饰、隐瞒的，应当如何处罚？ / 072
155 违反《中华人民共和国反间谍法》规定，对依法支持、协助国家安全机关工作的个人和组织进行打击报复的，应当如何处罚？ / 073
156 非法获取、持有属于国家秘密的文件、数据、资料、物品，以及非法生产、销售、持有、使用专用间谍器材，尚不构成犯罪的，应当如何处罚？ / 073

157 国家安全机关对依照《中华人民共和国反间谍法》查封、扣押、冻结的财物，应当如何处理？ / 073

158 在哪些情形下对涉案财物应当依法予以追缴、没收，或者采取措施消除隐患？ / 074

159 对行为人及其近亲属或者其他相关人员从间谍组织及其代理人获取的所有利益，如何处理？ / 075

160 国家安全机关依法收缴的罚款以及没收的财物，如何处理？ / 075

161 境外人员违反《中华人民共和国反间谍法》的，如何处罚？ / 075

162 境外人员违反《中华人民共和国反间谍法》，被国务院国家安全主管部门决定驱逐出境的，还可以再次入境吗？ / 076

163 国家安全机关作出行政处罚决定之前，应当对当事人作哪些告知？ / 076

164 当事人对行政处罚决定、行政强制措施决定、行政许可决定不服的，可以怎么做？ / 076

165 对于国家安全机关工作人员滥用职权等行为，应当如何处罚？ / 077

第六章　附　　则

166 国家安全机关依照法律、行政法规和国家有关规定，履行防范、制止和惩治间谍行为以外的危害国家安全行为的职责，适用《中华人民共和国反间谍法》吗？ / 078

167 公安机关在依法履行职责过程中发现、惩治危害国家安全的行为,适用《中华人民共和国反间谍法》吗? / 078
168 什么是《中华人民共和国反间谍法》所称"间谍行为以外的危害国家安全行为"? / 079
169 实施危害国家安全的行为,应承担什么法律责任? / 079
170 《中华人民共和国反间谍法》自何时起施行? / 080

附录一

典型案例 / 081

附录二

关于《中华人民共和国反间谍法(修订草案)》的说明 / 104
全国人民代表大会宪法和法律委员会关于《中华人民共和国反间谍法(修订草案)》修改情况的汇报 / 108
全国人民代表大会宪法和法律委员会关于《中华人民共和国反间谍法(修订草案)》审议结果的报告 / 111
全国人民代表大会宪法和法律委员会关于《中华人民共和国反间谍法(修订草案三次审议稿)》修改意见的报告 / 116

附录三

《中华人民共和国反间谍法》新旧条文对照表 / 119

学习问答

第一章　总　　则

01　《中华人民共和国反间谍法》的立法目的是什么？

答：根据《中华人民共和国反间谍法》第一条的规定，《中华人民共和国反间谍法》的立法目的是：加强反间谍工作，防范、制止和惩治间谍行为，维护国家安全，保护人民利益。

02　什么是国家安全？

答：根据《中华人民共和国国家安全法》第二条的规定，国家安全是指国家政权、主权、统一和领土完整、人民福祉、经济社会可持续发展和国家其他重大利益相对处于没有危险和不受内外威胁的状态，以及保障持续安全状态的能力。

03　反间谍工作应该坚持什么原则？

答：根据《中华人民共和国反间谍法》第二条、第三条的规定，反间谍工作坚持党中央集中统一领导，坚持总体国家安全观，坚持公开工作与秘密工作相结合、专门工作与群众路线相结合，坚持积极防御、依法惩治、标本兼治，筑牢国家安全人民防线。

反间谍工作应当依法进行，尊重和保障人权，保障个人和组织的合法权益。

04 维护国家安全应当坚持的基本原则是什么？

答：根据《中华人民共和国国家安全法》第七条、第九条、第十条的规定，维护国家安全，应当遵守宪法和法律，坚持社会主义法治原则，尊重和保障人权，依法保护公民的权利和自由。

维护国家安全，应当坚持预防为主、标本兼治，专门工作与群众路线相结合，充分发挥专门机关和其他有关机关维护国家安全的职能作用，广泛动员公民和组织，防范、制止和依法惩治危害国家安全的行为。

维护国家安全，应当坚持互信、互利、平等、协作，积极同外国政府和国际组织开展安全交流合作，履行国际安全义务，促进共同安全，维护世界和平。

05 什么是间谍行为？

答：根据《中华人民共和国反间谍法》第四条的规定，间谍行为是指下列行为：

（1）间谍组织及其代理人实施或者指使、资助他人实施，或者境内外机构、组织、个人与其相勾结实施的危害中华人民共和国国家安全的活动；

（2）参加间谍组织或者接受间谍组织及其代理人的任务，或者投靠间谍组织及其代理人；

（3）间谍组织及其代理人以外的其他境外机构、组织、个人实施或者指使、资助他人实施，或者境内机构、组织、个人与其相勾结实施的窃取、刺探、收买、非法提供国家秘密、情报以及其他关系国家安全和利益的文件、数据、资料、物品，或者策动、引诱、胁迫、收买国家工作人员叛变的活动；

（4）间谍组织及其代理人实施或者指使、资助他人实施，或者境内外机构、组织、个人与其相勾结实施针对国家机关、涉密单位或者关键信息基础设施等的网络攻击、侵入、干扰、控制、破坏等活动；

（5）为敌人指示攻击目标；

（6）进行其他间谍活动。

间谍组织及其代理人在中华人民共和国领域内，或者利用中华人民共和国的公民、组织或者其他条件，从事针对第三国的间谍活动，危害中华人民共和国国家安全的，适用《中华人民共和国反间谍法》。

06 《中华人民共和国反间谍法》所称“间谍组织代理人”指什么？

答：根据《中华人民共和国反间谍法实施细则》第四条

的规定，《中华人民共和国反间谍法》所称“间谍组织代理人”，是指受间谍组织或者其成员的指使、委托、资助，进行或者授意、指使他人进行危害中华人民共和国国家安全活动的人。间谍组织和间谍组织代理人由国务院国家安全主管部门确认。

07 《中华人民共和国反间谍法》所称“资助”实施危害中华人民共和国国家安全的间谍行为有哪些？

答：根据《中华人民共和国反间谍法实施细则》第六条的规定，《中华人民共和国反间谍法》所称“资助”实施危害中华人民共和国国家安全的间谍行为，是指境内外机构、组织、个人的下列行为：

（1）向实施间谍行为的组织、个人提供经费、场所和物资的；

（2）向组织、个人提供用于实施间谍行为的经费、场所和物资的。

08 《中华人民共和国反间谍法》所称“勾结”实施危害中华人民共和国国家安全的间谍行为有哪些？

答：根据《中华人民共和国反间谍法实施细则》第七条的规定，《中华人民共和国反间谍法》所称“勾结”实施危害中华人民共和国国家安全的间谍行为，是指境内外组织、个人的下列行为：

（1）与境外机构、组织、个人共同策划或者进行危害国家安全的间谍活动的；

（2）接受境外机构、组织、个人的资助或者指使，进行危害国家安全的间谍活动的；

（3）与境外机构、组织、个人建立联系，取得支持、帮助，进行危害国家安全的间谍活动的。

09 什么是情报？

答：根据《最高人民法院关于审理为境外窃取、刺探、收买、非法提供国家秘密、情报案件具体应用法律若干问题的解释》第一条的规定，《中华人民共和国刑法》第一百一十一条规定的“情报”，是指关系国家安全和利益、尚未公开或者依照有关规定不应公开的事项。

10 对为境外机构、组织、人员窃取、刺探、收买、非法提供国家秘密之外的情报的行为，应如何处罚？

答：根据《最高人民法院关于审理为境外窃取、刺探、收买、非法提供国家秘密、情报案件具体应用法律若干问题的解释》第一条的规定，对为境外机构、组织、人员窃取、刺探、收买、非法提供国家秘密之外的情报的行为，以为境外窃取、刺探、收买、非法提供情报罪定罪处罚。

11 什么是反间谍工作协调机制？

答：根据《中华人民共和国反间谍法》第五条的规定，国家建立反间谍工作协调机制，统筹协调反间谍工作中的重大事项，研究、解决反间谍工作中的重大问题。

12 反间谍工作的主管机关是谁？

答：根据《中华人民共和国反间谍法》第六条的规定，国家安全机关是反间谍工作的主管机关。

13 公安、保密等有关部门和军队有关部门在反间谍工作中的职责是什么？

答：根据《中华人民共和国反间谍法》第六条的规定，公安、保密等有关部门和军队有关部门按照职责分工，密切配合，加强协调，依法做好反间谍有关工作。

14 我国公民、国家机关和武装力量、各政党和各人民团体、企业事业组织和其他社会组织在反间谍工作中的义务是什么？

答：根据《中华人民共和国反间谍法》第七条的规定，

中华人民共和国公民有维护国家的安全、荣誉和利益的义务，不得有危害国家的安全、荣誉和利益的行为。

一切国家机关和武装力量、各政党和各人民团体、企业事业组织和其他社会组织，都有防范、制止间谍行为，维护国家安全的义务。

国家安全机关在反间谍工作中必须依靠人民的支持，动员、组织人民防范、制止间谍行为。

15 哪些主体负有维护国家安全的责任和义务？

答：根据《中华人民共和国国家安全法》第十一条的规定，中华人民共和国公民、一切国家机关和武装力量、各政党和各人民团体、企业事业组织和其他社会组织，都有维护国家安全的责任和义务。

中国的主权和领土完整不容侵犯和分割。维护国家主权、统一和领土完整是包括港澳同胞和台湾同胞在内的全中国人民的共同义务。

16 公民和组织能泄露在反间谍工作中所知悉的国家秘密和反间谍工作秘密吗？

答：根据《中华人民共和国反间谍法》第八条的规定，任何公民和组织都应当依法支持、协助反间谍工作，保守所知悉的国家秘密和反间谍工作秘密。

17 什么是国家秘密？

答：根据《最高人民法院关于审理为境外窃取、刺探、收买、非法提供国家秘密、情报案件具体应用法律若干问题的解释》第一条的规定，《中华人民共和国刑法》第一百一十一条规定的“国家秘密”，是指《中华人民共和国保守国家秘密法》第二条、第十三条以及《中华人民共和国保守国家秘密法实施条例》确定的事项。

18 国家如何对在反间谍工作中做出重大贡献的个人和组织给予肯定？

答：根据《中华人民共和国反间谍法》第九条的规定，国家对支持、协助反间谍工作的个人和组织给予保护。

对举报间谍行为或者在反间谍工作中做出重大贡献的个人和组织，按照国家有关规定给予表彰和奖励。

19 国家对支持、协助反间谍工作的个人和组织给予保护，对做出重大贡献的个人和组织给予表彰和奖励，“重大贡献”的判断标准是什么？

答：根据《中华人民共和国反间谍法实施细则》第十六条的规定，下列情形属于“重大贡献”：

（1）为国家安全机关提供重要线索，发现、破获严重危害国家安全的犯罪案件的；

（2）为国家安全机关提供重要情况，防范、制止严重危害国家安全的行为发生的；

（3）密切配合国家安全机关执行国家安全工作任务，表现突出的；

（4）为维护国家安全，与危害国家安全的犯罪分子进行斗争，表现突出的；

（5）在教育、动员、组织本单位的人员防范、制止危害国家安全行为的工作中，成绩显著的。

20　对举报危害国家安全行为的公民实施奖励的总体原则是什么？

答：根据《公民举报危害国家安全行为奖励办法》第三条的规定，对举报危害国家安全行为的公民实施奖励，应当贯彻总体国家安全观，坚持国家安全一切为了人民、一切依靠人民，坚持专门工作与群众路线相结合，坚持客观公正、依法依规。

21　符合什么条件，举报危害国家安全行为能获得举报奖励？

答：根据《公民举报危害国家安全行为奖励办法》第八条的规定，获得举报奖励应当同时符合下列条件：

（1）有明确的举报对象，或者具体的危害国家安全行为线索或者情况；

（2）举报事项事先未被国家安全机关掌握，或者虽被国家安全机关有所掌握，但举报人提供的情况更为具体详实；

（3）举报内容经国家安全机关查证属实，为防范、制止和惩治危害国家安全行为发挥了作用、做出了贡献。

22 在什么情形下，对于举报危害国家安全的行为不予奖励或者不予重复奖励？

答：根据《公民举报危害国家安全行为奖励办法》第九条的规定，有下列情形之一的，不予奖励或者不予重复奖励：

（1）国家安全机关工作人员或者其他具有法定职责的人员举报的，不予奖励；

（2）无法验证举报人身份，或者无法与举报人取得联系的，不予奖励；

（3）最终认定的违法事实与举报事项不一致的，不予奖励；

（4）对同一举报人的同一举报事项，不予重复奖励；对同一举报人提起的两个或者两个以上有包含关系的举报事项，相同内容部分不予重复奖励；

（5）经由举报线索调查发现新的危害国家安全行为或者违法主体的，不予重复奖励；

（6）其他不符合法律法规规章规定的奖励情形。

23　对于两人及两人以上举报危害国家安全的行为，奖励规则是什么？

答：根据《公民举报危害国家安全行为奖励办法》第十条的规定，两人及两人以上举报的，按照下列规则进行奖励认定：

（1）同一事项由两个及两个以上举报人分别举报的，奖励最先举报人，举报次序以国家安全机关受理举报的登记时间为准，最先举报人以外的其他举报人可以酌情给予奖励；

（2）两人及两人以上联名举报同一线索或者情况的，按同一举报奖励。

24　对于举报危害国家安全的行为，国家安全机关如何确定奖励等级？

答：根据《公民举报危害国家安全行为奖励办法》第十一条的规定，国家安全机关根据违法线索查证结果、违法行为危害程度、举报发挥作用情况等，综合评估确定奖励等级，给予精神奖励或者物质奖励。

25　对于举报危害国家安全的行为，如何进行精神奖励及物质奖励？

答：根据《公民举报危害国家安全行为奖励办法》第十一条的规定，给予精神奖励的，颁发奖励证书；给予物质奖励的，发放奖金。

征得举报人及其所在单位同意后，可以由举报人所在单位对举报人实施奖励。

26 以发放奖金方式对举报危害国家安全的行为进行奖励的具体标准是什么？

答：根据《公民举报危害国家安全行为奖励办法》第十二条的规定，以发放奖金方式进行奖励的，具体标准如下：

（1）对防范、制止和惩治危害国家安全行为发挥一定作用、做出一定贡献的，给予人民币一万元以下奖励；

（2）对防范、制止和惩治危害国家安全行为发挥重要作用、做出重要贡献的，给予人民币一万元至三万元奖励；

（3）对防范、制止和惩治严重危害国家安全行为发挥重大作用、做出重大贡献的，给予人民币三万元至十万元奖励；

（4）对防范、制止和惩治严重危害国家安全行为发挥特别重大作用、做出特别重大贡献的，给予人民币十万元以上奖励。

27 对于举报危害国家安全的行为，如何启动奖励程序？

答：根据《公民举报危害国家安全行为奖励办法》第十三条的规定，对于符合《公民举报危害国家安全行为奖励办法》规定的奖励条件的举报，应当在举报查证属实、依法对危害国家安全行为作出处理后三十个工作日内，由设区的市级以上国家安全机关启动奖励程序。

28 举报危害国家安全行为的举报人，领取奖励的期限是多久？

答：根据《公民举报危害国家安全行为奖励办法》第十六条的规定，举报人应当在被告知奖励决定之日起六个月内，由本人或者委托他人领取奖励。

因特殊情况无法按期领取奖励的，可以延长奖励领取期限，最长不超过三年。举报人无正当理由逾期未领取奖励的，视为主动放弃。

29 在公民举报危害国家安全行为中及对举报人的奖励程序中，在哪些情形下，国家安全机关工作人员可能承担纪律及法律责任？

答：根据《公民举报危害国家安全行为奖励办法》第二十条的规定，国家安全机关工作人员有下列情形之一的，对负有责任的领导人员和直接责任人员依规依纪依法予以处理；构成犯罪的，依法追究刑事责任：

（1）伪造或者教唆、伙同他人伪造举报材料，冒领举报奖金的；

（2）泄露举报或者举报人信息的；

（3）利用在职务活动中知悉的危害国家安全行为有关线索或者情况，通过他人以举报的方式获取奖励的；

（4）未认真核实举报情况，导致不符合奖励条件的举报人获得奖励的；

（5）对符合举报奖励条件的举报人，无正当理由未按规定要求或者期限给予奖励的；

（6）其他依规依纪依法应当追究责任的情形。

30 举报危害国家安全行为的举报人，在哪些情形下可能承担纪律及法律责任？

答：根据《公民举报危害国家安全行为奖励办法》第二十一条的规定，举报人有下列情形之一的，依法予以处理；构成犯罪的，依法追究刑事责任：

（1）借举报之名故意捏造事实诬告、陷害他人的；

（2）弄虚作假骗取奖金的；

（3）恶意举报或者以举报为名制造事端，干扰国家安全机关工作的；

（4）泄露举报中知悉的国家秘密或者工作秘密，造成不良后果或者影响的。

举报人有上述情形之一，已经启动奖励程序的，应当终止奖励程序；已经作出奖励决定的，应当予以撤销；已经实施奖励的，应当予以追回。

31 举报危害国家安全行为的举报人所在单位存在哪些情形，应依法予以处理？

答：根据《公民举报危害国家安全行为奖励办法》第二十二条的规定，举报人所在单位有下列情形之一的，依法予以处理：

（1）举报人向所在单位报告危害国家安全行为线索或者情况后，单位不及时向国家安全机关报告或者漏报、瞒报，造成不良后果或者影响的；

（2）举报人向国家安全机关报告危害国家安全行为线索或者情况后，单位对举报人实施打击、报复的。

32 国家应当如何对待在维护国家安全工作中做出突出贡献的个人和组织？

答：根据《中华人民共和国国家安全法》第十二条的规定，国家对在维护国家安全工作中做出突出贡献的个人和组织给予表彰和奖励。

33 《中华人民共和国反间谍法》所称“境外机构、组织”包括哪些机构和组织？

答：根据《中华人民共和国反间谍法实施细则》第三条的规定，《中华人民共和国反间谍法》所称“境外机构、组织”包括境外机构、组织在中华人民共和国境内设立的分支

（代表）机构和分支组织。

34 《中华人民共和国反间谍法》所称“境外个人”包括哪些人？

答：根据《中华人民共和国反间谍法实施细则》第三条的规定，《中华人民共和国反间谍法》所称“境外个人”包括居住在中华人民共和国境内不具有中华人民共和国国籍的人。

35 如何规制境外机构、组织、个人的间谍行为？

答：根据《中华人民共和国反间谍法》第十条的规定，境外机构、组织、个人实施或者指使、资助他人实施的，或者境内机构、组织、个人与境外机构、组织、个人相勾结实施的危害中华人民共和国国家安全的间谍行为，都必须受到法律追究。

36 国家安全机关及其工作人员，在反间谍工作中，如何遵守保密纪律？

答：根据《中华人民共和国反间谍法》第十一条的规定，国家安全机关及其工作人员在工作中，应当严格依法办事，不得超越职权、滥用职权，不得侵犯个人和组织的合法权益。

国家安全机关及其工作人员依法履行反间谍工作职责获取的个人和组织的信息，只能用于反间谍工作。对属于国家秘密、工作秘密、商业秘密和个人隐私、个人信息的，应当保密。

第二章　安全防范

37　国家机关、人民团体、企业事业组织和其他社会组织的反间谍安全防范职责是什么？

答：根据《中华人民共和国反间谍法》第十二条的规定，国家机关、人民团体、企业事业组织和其他社会组织承担本单位反间谍安全防范工作的主体责任，落实反间谍安全防范措施，对本单位的人员进行维护国家安全的教育，动员、组织本单位的人员防范、制止间谍行为。

38　地方各级人民政府、相关行业主管部门的反间谍安全防范职责是什么？

答：根据《中华人民共和国反间谍法》第十二条的规定，地方各级人民政府、相关行业主管部门按照职责分工，管理本行政区域、本行业有关反间谍安全防范工作。

39　国家安全机关的反间谍安全防范职责是什么？

答：根据《中华人民共和国反间谍法》第十二条的规

定，国家安全机关依法协调指导、监督检查反间谍安全防范工作。

40 各级人民政府、有关部门、新闻等单位以及国家安全机关如何进行反间谍宣传教育？

答：根据《中华人民共和国反间谍法》第十三条的规定，各级人民政府和有关部门应当组织开展反间谍安全防范宣传教育，将反间谍安全防范知识纳入教育、培训、普法宣传内容，增强全民反间谍安全防范意识和国家安全素养。

新闻、广播、电视、文化、互联网信息服务等单位，应当面向社会有针对性地开展反间谍宣传教育。

国家安全机关应当根据反间谍安全防范形势，指导有关单位开展反间谍宣传教育活动，提高防范意识和能力。

41 个人和组织能非法获取、持有属于国家秘密的文件、数据、资料、物品吗？

答：根据《中华人民共和国反间谍法》第十四条的规定，任何个人和组织都不得非法获取、持有属于国家秘密的文件、数据、资料、物品。

42 什么是“非法持有属于国家秘密的文件、资料和其他物品”？

答：根据《中华人民共和国反间谍法实施细则》第十七

条的规定，《中华人民共和国反间谍法》所称“非法持有属于国家秘密的文件、资料和其他物品”是指：

（1）不应知悉某项国家秘密的人员携带、存放属于该项国家秘密的文件、资料和其他物品的；

（2）可以知悉某项国家秘密的人员，未经办理手续，私自携带、留存属于该项国家秘密的文件、资料和其他物品的。

43 个人和组织能生产、销售、持有、使用专用间谍器材吗？

答：根据《中华人民共和国反间谍法》第十五条的规定，任何个人和组织都不得非法生产、销售、持有、使用间谍活动特殊需要的专用间谍器材。

44 什么是“专用间谍器材”？

答：根据《中华人民共和国反间谍法实施细则》第十八条的规定，《中华人民共和国反间谍法》所称“专用间谍器材”，是指进行间谍活动特殊需要的下列器材：

（1）暗藏式窃听、窃照器材；

（2）突发式收发报机、一次性密码本、密写工具；

（3）用于获取情报的电子监听、截收器材；

（4）其他专用间谍器材。

专用间谍器材由国务院国家安全主管部门依照国家有关规定确认。

45 公民和组织发现间谍行为，向谁举报？

答：根据《中华人民共和国反间谍法》第十六条的规定，任何公民和组织发现间谍行为，应当及时向国家安全机关举报；向公安机关等其他国家机关、组织举报的，相关国家机关、组织应当立即移送国家安全机关处理。

国家安全机关应当将受理举报的电话、信箱、网络平台等向社会公开，依法及时处理举报信息，并为举报人保密。

46 公民可以通过哪些方式向国家安全机关举报？

答：根据《公民举报危害国家安全行为奖励办法》第四条的规定，公民可以通过下列方式向国家安全机关举报：

（1）拨打国家安全机关 12339 举报受理电话；

（2）登录国家安全机关互联网举报受理平台网站 www. 12339. gov. cn；

（3）向国家安全机关投递信函；

（4）到国家安全机关当面举报；

（5）通过其他国家机关或者举报人所在单位向国家安全机关报告；

（6）其他举报方式。

47 实名或者匿名举报危害国家安全行为的举报人应当提供哪些身份信息？

答：根据《公民举报危害国家安全行为奖励办法》第五

条的规定，公民可以实名或者匿名进行举报。实名举报应当提供真实身份信息和有效联系方式。匿名举报人有奖励诉求的，应当提供能够辨识其举报身份的信息。提倡和鼓励实名举报。

48 如何保护举报危害国家安全行为的公民？

答：根据《公民举报危害国家安全行为奖励办法》第六条的规定，国家安全机关以及依法知情的其他组织和个人应当严格为举报人保密，未经举报人同意，不得以任何方式泄露举报人身份相关信息。

因举报危害国家安全行为，举报人本人或者其近亲属的人身安全面临危险的，可以向国家安全机关请求予以保护。国家安全机关应当会同有关部门依法采取有效保护措施。国家安全机关认为有必要的，应当依职权及时、主动采取保护措施。

49 国家安全机关如何通过宣传，提高公民举报危害国家安全行为的积极性、主动性？

答：根据《公民举报危害国家安全行为奖励办法》第七条的规定，国家安全机关会同宣传主管部门，协调和指导广播、电视、报刊、互联网等媒体对举报危害国家安全行为的渠道方式、典型案例、先进事迹等进行宣传，制作、刊登、播放有关公益广告、宣传教育节目或者其他宣传品，增强公民维护国家安全意识，提高公民举报危害国家安全行为的积极性、主动性。

50 反间谍安全防范相关制度有哪些？

答：根据《中华人民共和国反间谍法》第十七条的规定，国家建立反间谍安全防范重点单位管理制度。

反间谍安全防范重点单位应当建立反间谍安全防范工作制度，履行反间谍安全防范工作要求，明确内设职能部门和人员承担反间谍安全防范职责。

51 反间谍安全防范重点单位应如何对工作人员进行反间谍安全防范？

答：根据《中华人民共和国反间谍法》第十八条的规定，反间谍安全防范重点单位应当加强对工作人员反间谍安全防范的教育和管理，对离岗离职人员脱密期内履行反间谍安全防范义务的情况进行监督检查。

52 反间谍安全防范重点单位如何进行日常安全防范？

答：根据《中华人民共和国反间谍法》第十九条的规定，反间谍安全防范重点单位应当加强对涉密事项、场所、载体等的日常安全防范管理，采取隔离加固、封闭管理、设置警戒等反间谍物理防范措施。

53 反间谍安全防范重点单位如何进行反间谍技术防范？

答：根据《中华人民共和国反间谍法》第二十条的规定，反间谍安全防范重点单位应当按照反间谍技术防范的要求和标准，采取相应的技术措施和其他必要措施，加强对要害部门部位、网络设施、信息系统的反间谍技术防范。

54 在重要国家机关、国防军工单位和其他重要涉密单位以及重要军事设施的周边安全控制区域内新建、改建、扩建建设项目的，需要履行什么特别手续？

答：根据《中华人民共和国反间谍法》第二十一条的规定，在重要国家机关、国防军工单位和其他重要涉密单位以及重要军事设施的周边安全控制区域内新建、改建、扩建建设项目的，由国家安全机关实施涉及国家安全事项的建设项目许可。涉及国家安全事项的建设项目许可的具体实施办法，由国务院国家安全主管部门会同有关部门制定。

55 县级以上地方各级人民政府编制国民经济和社会发展规划、国土空间规划等有关规划时，需要考虑国家安全因素吗？

答：根据《中华人民共和国反间谍法》第二十一条的规

定，县级以上地方各级人民政府编制国民经济和社会发展规划、国土空间规划等有关规划，应当充分考虑国家安全因素和划定的安全控制区域，征求国家安全机关的意见。

56 如何划定安全控制区域？

答：根据《中华人民共和国反间谍法》第二十一条的规定，安全控制区域的划定应当统筹发展和安全，坚持科学合理、确有必要的原则，由国家安全机关会同发展改革、自然资源、住房城乡建设、保密、国防科技工业等部门以及军队有关部门共同划定，报省、自治区、直辖市人民政府批准并动态调整。

57 国家安全机关如何落实反间谍技术防范措施？

答：根据《中华人民共和国反间谍法》第二十二条的规定，国家安全机关根据反间谍工作需要，可以会同有关部门制定反间谍技术防范标准，指导有关单位落实反间谍技术防范措施，对存在隐患的单位，经过严格的批准手续，可以进行反间谍技术防范检查和检测。

58 机关、团体、企业事业组织和其他社会组织的反间谍安全防范工作职责是什么？

答：根据《反间谍安全防范工作规定》第四条的规定，

机关、团体、企业事业组织和其他社会组织承担本单位反间谍安全防范工作的主体责任，应当对本单位的人员进行维护国家安全的教育，动员、组织本单位的人员防范、制止间谍行为和其他危害国家安全的行为。

59 对国家安全机关及其工作人员在履行反间谍安全防范指导和检查工作职责时的保密要求是什么?

答：根据《反间谍安全防范工作规定》第六条的规定，国家安全机关及其工作人员对履行反间谍安全防范指导和检查工作职责中知悉的国家秘密、工作秘密、商业秘密、个人隐私和个人信息，应当严格保密，不得泄露或者向他人非法提供。

60 反间谍主管部门应当履行哪些反间谍安全防范监督管理责任?

答：根据《反间谍安全防范工作规定》第七条的规定，反间谍主管部门应当履行下列反间谍安全防范监督管理责任：

（1）根据主管行业特点，明确本行业反间谍安全防范工作要求；

（2）配合国家安全机关制定主管行业反间谍安全防范重点单位名录、开展反间谍安全防范工作；

（3）指导、督促主管行业所属重点单位履行反间谍安全防范义务；

（4）其他应当履行的反间谍安全防范行业管理责任。

有关行业主管部门应当与国家安全机关建立健全反间谍安全防范协作机制，加强信息互通、情况会商、协同指导、联合督查，共同做好反间谍安全防范工作。

61 机关、团体、企业事业组织和其他社会组织落实反间谍安全防范主体责任时，应当履行哪些义务？

答：根据《反间谍安全防范工作规定》第八条的规定，机关、团体、企业事业组织和其他社会组织应当落实反间谍安全防范主体责任，履行下列义务：

（1）开展反间谍安全防范教育、培训，提高本单位人员的安全防范意识和应对能力；

（2）加强本单位反间谍安全防范管理，落实有关安全防范措施；

（3）及时向国家安全机关报告涉及间谍行为和其他危害国家安全行为的可疑情况；

（4）为国家安全机关依法执行任务提供便利或者其他协助；

（5）妥善应对和处置涉及本单位和本单位人员的反间谍安全防范突发情况；

（6）其他应当履行的反间谍安全防范义务。

62 如何确定反间谍安全防范重点单位名录?

答: 根据《反间谍安全防范工作规定》第九条的规定，国家安全机关根据单位性质、所属行业、涉密等级、涉外程度以及是否发生过危害国家安全案事件等因素，会同有关部门制定并定期调整反间谍安全防范重点单位名录，以书面形式告知重点单位。

63 反间谍安全防范重点单位应履行哪些义务?

答: 根据《反间谍安全防范工作规定》第九条的规定，反间谍安全防范重点单位应履行机关、团体、企业事业组织和其他社会组织应当履行的下列义务:

(1) 开展反间谍安全防范教育、培训，提高本单位人员的安全防范意识和应对能力;

(2) 加强本单位反间谍安全防范管理，落实有关安全防范措施;

(3) 及时向国家安全机关报告涉及间谍行为和其他危害国家安全行为的可疑情况;

(4) 为国家安全机关依法执行任务提供便利或者其他协助;

(5) 妥善应对和处置涉及本单位和本单位人员的反间谍安全防范突发情况;

(6) 其他应当履行的反间谍安全防范义务。

此外，反间谍安全防范重点单位还应当履行下列义务：

（1）建立健全反间谍安全防范工作制度；

（2）明确本单位相关机构和人员承担反间谍安全防范职责；

（3）加强对涉密事项、场所、载体、数据、岗位和人员的日常安全防范管理，对涉密人员实行上岗前反间谍安全防范审查，与涉密人员签订安全防范承诺书；

（4）组织涉密、涉外人员向本单位报告涉及国家安全事项，并做好数据信息动态管理；

（5）做好涉外交流合作中的反间谍安全防范工作，制定并落实有关预案措施；

（6）做好本单位出国（境）团组、人员和长期驻外人员的反间谍安全防范行前教育、境外管理和回国（境）访谈工作；

（7）定期对涉密、涉外人员开展反间谍安全防范教育、培训；

（8）按照反间谍技术安全防范标准，配备必要的设备、设施，落实有关技术安全防范措施；

（9）定期对本单位反间谍安全防范工作进行自查，及时发现和消除安全隐患。

64 未列入反间谍安全防范重点单位名录的关键信息基础设施运营者应履行哪些义务？

答：根据《反间谍安全防范工作规定》第十条的规定，

关键信息基础设施运营者应履行机关、团体、企业事业组织和其他社会组织应当履行的下列义务：

（1）开展反间谍安全防范教育、培训，提高本单位人员的安全防范意识和应对能力；

（2）加强本单位反间谍安全防范管理，落实有关安全防范措施；

（3）及时向国家安全机关报告涉及间谍行为和其他危害国家安全行为的可疑情况；

（4）为国家安全机关依法执行任务提供便利或者其他协助；

（5）妥善应对和处置涉及本单位和本单位人员的反间谍安全防范突发情况；

（6）其他应当履行的反间谍安全防范义务。

此外，关键信息基础设施运营者还应当履行下列义务：

（1）对本单位安全管理机构负责人和关键岗位人员进行反间谍安全防范审查；

（2）定期对从业人员进行反间谍安全防范教育、培训；

（3）采取反间谍技术安全防范措施，防范、制止境外网络攻击、网络入侵、网络窃密等间谍行为，保障网络和信息核心技术、关键基础设施和重要领域信息系统及数据的安全。

65 列入反间谍安全防范重点单位名录的关键信息基础设施运营者应履行哪些义务？

答： 根据《反间谍安全防范工作规定》第十条的规定，

首先，列入反间谍安全防范重点单位名录的关键信息基础设施运营者应履行机关、团体、企业事业组织和其他社会组织应当履行的下列义务：

（1）开展反间谍安全防范教育、培训，提高本单位人员的安全防范意识和应对能力；

（2）加强本单位反间谍安全防范管理，落实有关安全防范措施；

（3）及时向国家安全机关报告涉及间谍行为和其他危害国家安全行为的可疑情况；

（4）为国家安全机关依法执行任务提供便利或者其他协助；

（5）妥善应对和处置涉及本单位和本单位人员的反间谍安全防范突发情况；

（6）其他应当履行的反间谍安全防范义务。

其次，列入反间谍安全防范重点单位名录的关键信息基础设施运营者还应当履行下列义务：

（1）对本单位安全管理机构负责人和关键岗位人员进行反间谍安全防范审查；

（2）定期对从业人员进行反间谍安全防范教育、培训；

（3）采取反间谍技术安全防范措施，防范、制止境外网络攻击、网络入侵、网络窃密等间谍行为，保障网络和信息核心技术、关键基础设施和重要领域信息系统及数据的安全。

最后，列入反间谍安全防范重点单位名录的关键信息基础设施运营者还应当履行下列义务：

（1）建立健全反间谍安全防范工作制度；

（2）明确本单位相关机构和人员承担反间谍安全防范职责；

（3）加强对涉密事项、场所、载体、数据、岗位和人员的日常安全防范管理，对涉密人员实行上岗前反间谍安全防范审查，与涉密人员签订安全防范承诺书；

（4）组织涉密、涉外人员向本单位报告涉及国家安全事项，并做好数据信息动态管理；

（5）做好涉外交流合作中的反间谍安全防范工作，制定并落实有关预案措施；

（6）做好本单位出国（境）团组、人员和长期驻外人员的反间谍安全防范行前教育、境外管理和回国（境）访谈工作；

（7）定期对涉密、涉外人员开展反间谍安全防范教育、培训；

（8）按照反间谍技术安全防范标准，配备必要的设备、设施，落实有关技术安全防范措施；

（9）定期对本单位反间谍安全防范工作进行自查，及时发现和消除安全隐患。

66 国家安全机关可以通过哪些方式，对机关、团体、企业事业组织和其他社会组织落实反间谍安全防范责任进行指导？

答：根据《反间谍安全防范工作规定》第十一条的规

定，国家安全机关可以通过下列方式，对机关、团体、企业事业组织和其他社会组织落实反间谍安全防范责任进行指导：

（1）提供工作手册、指南等宣传教育材料；

（2）印发书面指导意见；

（3）举办工作培训；

（4）召开工作会议；

（5）提醒、劝告；

（6）其他指导方式。

67　国家安全机关如何向学校的师生开展反间谍安全防范教育？

答：根据《反间谍安全防范工作规定》第十四条的规定，国家安全机关会同教育主管部门，指导学校向全体师生开展反间谍安全防范教育，对参加出国（境）学习、交流的师生加强反间谍安全防范行前教育和回国（境）访谈。

68　国家安全机关如何在科研行业开展反间谍安全防范教育？

答：根据《反间谍安全防范工作规定》第十五条的规定，国家安全机关会同科技主管部门，指导各类科研机构向科研人员开展反间谍安全防范教育，对参加出国（境）学习、交流的科研人员加强反间谍安全防范行前教育和回国（境）访谈。

69 国家安全机关如何开展群众性反间谍安全防范宣传教育?

答: 根据《反间谍安全防范工作规定》第十六条的规定,国家安全机关会同有关部门,组织、动员居(村)民委员会结合本地实际配合开展群众性反间谍安全防范宣传教育。

70 国家安全机关如何提高公众反间谍安全防范意识?

答: 根据《反间谍安全防范工作规定》第十七条的规定,国家安全机关会同宣传主管部门,协调和指导广播、电视、报刊、互联网等媒体开展反间谍安全防范宣传活动,制作、刊登、播放反间谍安全防范公益广告、典型案例、宣传教育节目或者其他宣传品,提高公众反间谍安全防范意识。

71 公民、组织如何举报间谍行为和其他危害国家安全的行为,以及各类反间谍安全防范问题线索?

答: 根据《反间谍安全防范工作规定》第十八条的规定,公民、组织可以通过国家安全机关12339举报受理电话、网络举报受理平台或者国家安全机关公布的其他举报方式,举报间谍行为和其他危害国家安全的行为,以及各类反间谍安全防范问题线索。

72　国家安全机关如何保护举报人的安全？

答：根据《反间谍安全防范工作规定》第十九条的规定，国家安全机关应当严格为举报人保密，保护举报人的人身财产安全。未经举报人同意，不得以任何方式公开或者泄露其个人信息。

公民因举报间谍行为或者其他危害国家安全行为，本人或者其近亲属的人身安全面临危险的，可以向国家安全机关请求予以保护。国家安全机关应当会同有关部门依法采取保护措施。

73　在什么情况下，在反间谍安全防范工作中取得显著成绩或者做出重大贡献的单位和个人，可以获得表彰、奖励？

答：根据《反间谍安全防范工作规定》第二十条的规定，对反间谍安全防范工作中取得显著成绩或者做出重大贡献的单位和个人，符合下列条件之一的，国家安全机关可以按照国家有关规定，会同有关部门、单位给予表彰、奖励：

（1）提供重要情况或者线索，为国家安全机关发现、破获间谍案件或者其他危害国家安全案件，或者为有关单位防范、消除涉及国家安全的重大风险隐患或者现实危害发挥重要作用的；

（2）密切配合国家安全机关执行任务，表现突出的；

（3）防范、制止间谍行为或者其他危害国家安全行为，表现突出的；

（4）主动采取措施，及时消除本单位涉及国家安全的重大风险隐患或者现实危害，挽回重大损失的；

（5）在反间谍安全防范工作中，有重大创新或者成效特别显著的；

（6）在反间谍安全防范工作中做出其他重大贡献的。

74 在什么情况下，国家安全机关可以对机关、团体、企业事业组织和其他社会组织开展反间谍安全防范检查？

答：根据《反间谍安全防范工作规定》第二十一条的规定，国家安全机关对有下列情形之一的，经设区的市级以上国家安全机关负责人批准，并出具法律文书，可以对机关、团体、企业事业组织和其他社会组织开展反间谍安全防范检查：

（1）发现反间谍安全防范风险隐患；

（2）接到反间谍安全防范问题线索举报；

（3）依据有关单位的申请；

（4）因其他反间谍安全防范工作需要。

75 国家安全机关可以通过什么方式对机关、团体、企业事业组织和其他社会组织的反间谍安全防范工作进行检查？

答：根据《反间谍安全防范工作规定》第二十二条的规

定，国家安全机关可以通过下列方式对机关、团体、企业事业组织和其他社会组织的反间谍安全防范工作进行检查：

（1）向有关单位和人员了解情况；

（2）调阅有关资料；

（3）听取有关工作说明；

（4）进入有关单位、场所实地查看；

（5）查验电子通信工具、器材等设备、设施；

（6）反间谍技术防范检查和检测；

（7）其他法律、法规、规章授权的检查方式。

76　在什么情况下，国家安全机关可以开展反间谍技术防范检查检测？

答：根据《反间谍安全防范工作规定》第二十三条的规定，经设区的市级以上国家安全机关负责人批准，国家安全机关可以对存在风险隐患的机关、团体、企业事业组织和其他社会组织的相关部位、场所和建筑物、内部设备设施、强弱电系统、计算机网络及信息系统、关键信息基础设施等开展反间谍技术防范检查检测，防范、发现和处置危害国家安全的情况。

77　国家安全机关可以通过哪些方式开展反间谍技术防范检查检测？

答：根据《反间谍安全防范工作规定》第二十四条的规

定，国家安全机关可以采取下列方式开展反间谍技术防范检查检测：

（1）进入有关单位、场所，进行现场技术检查；

（2）使用专用设备，对有关部位、场所、链路、网络进行技术检测；

（3）对有关设备设施、网络、系统进行远程技术检测。

78 国家安全机关开展反间谍技术防范检查检测时，应注意什么？

答：根据《反间谍安全防范工作规定》第二十五条的规定，国家安全机关开展反间谍技术防范现场检查检测时，检查人员不得少于两人，并应当出示相应证件。

国家安全机关开展远程技术检测，应当事先告知被检测对象检测时间、检测范围等事项。

检查检测人员应当制作检查检测记录，如实记录检查检测情况。

79 在开展反间谍技术防范检查检测中，为防止危害发生或者扩大，国家安全机关可以采取什么措施？

答：根据《反间谍安全防范工作规定》第二十六条的规定，国家安全机关在开展反间谍技术防范检查检测中，为防止危害发生或者扩大，可以依法责令被检查对象采取技术屏蔽、隔离、拆除或者停止使用相关设备设施、网络、系统等整改措施，指导和督促有关措施的落实，并在检查检测记录中注明。

80 国家安全机关完成反间谍安全防范检查后，如何向被检查单位反馈？

答：根据《反间谍安全防范工作规定》第二十七条的规定，国家安全机关可以根据反间谍安全防范检查情况，向被检查单位提出加强和改进反间谍安全防范工作的意见和建议，督促有关单位落实反间谍安全防范责任和义务。

81 在反间谍安全防范工作中，在什么情形下，国家安全机关可以依法责令机关、团体、企业事业组织和其他社会组织限期整改？

答：根据《反间谍安全防范工作规定》第二十八条的规定，机关、团体、企业事业组织和其他社会组织违反《反间谍安全防范工作规定》，有下列情形之一的，国家安全机关可以依法责令限期整改；被责令整改单位应当于整改期限届满前向国家安全机关提交整改报告，国家安全机关应当自收到整改报告之日起十五个工作日内对整改情况进行检查：

（1）不认真履行反间谍安全防范责任和义务，安全防范工作措施不落实或者落实不到位，存在明显问题隐患的；

（2）不接受国家安全机关反间谍安全防范指导和检查的；

（3）发生间谍案件，叛逃案件，为境外窃取、刺探、收买、非法提供国家秘密、情报案件，以及其他危害国家安全案事件的；

（4）发现涉及间谍行为和其他危害国家安全行为的可疑情况，迟报、漏报、瞒报，造成不良后果或者影响的；

（5）不配合或者阻碍国家安全机关依法执行任务的。

82 境外窃取、刺探、收买、非法提供国家秘密或者情报，对国家和人民危害特别严重、情节特别恶劣的，应当如何处罚？

答：根据《最高人民法院关于审理为境外窃取、刺探、收买、非法提供国家秘密、情报案件具体应用法律若干问题的解释》第二条的规定，为境外窃取、刺探、收买、非法提供国家秘密或者情报，对国家和人民危害特别严重、情节特别恶劣的，可以判处死刑，并处没收财产。

83 为境外窃取、刺探、收买、非法提供国家秘密或者情报，哪些情形属于“情节特别严重”？

答：根据《最高人民法院关于审理为境外窃取、刺探、收买、非法提供国家秘密、情报案件具体应用法律若干问题的解释》第二条的规定，为境外窃取、刺探、收买、非法提供国家秘密或者情报，具有下列情形之一的，属于“情节特别严重”，处十年以上有期徒刑、无期徒刑，可以并处没收财产：

（1）为境外窃取、刺探、收买、非法提供绝密级国家秘密的；

（2）为境外窃取、刺探、收买、非法提供三项以上机密级国家秘密的；

（3）为境外窃取、刺探、收买、非法提供国家秘密或者情报，对国家安全和利益造成其他特别严重损害的。

84　为境外窃取、刺探、收买、非法提供机密级国家秘密的，应当如何处罚?

答：根据《最高人民法院关于审理为境外窃取、刺探、收买、非法提供国家秘密、情报案件具体应用法律若干问题的解释》第三条的规定，为境外窃取、刺探、收买、非法提供机密级国家秘密的，处五年以上十年以下有期徒刑，可以并处没收财产。

85　为境外窃取、刺探、收买、非法提供三项以上秘密级国家秘密的，应当如何处罚?

答：根据《最高人民法院关于审理为境外窃取、刺探、收买、非法提供国家秘密、情报案件具体应用法律若干问题的解释》第三条的规定，为境外窃取、刺探、收买、非法提供三项以上秘密级国家秘密的，处五年以上十年以下有期徒刑，可以并处没收财产。

86 为境外窃取、刺探、收买、非法提供国家秘密或者情报，对国家安全和利益造成其他严重损害的，应当如何处罚？

答：根据《最高人民法院关于审理为境外窃取、刺探、收买、非法提供国家秘密、情报案件具体应用法律若干问题的解释》第三条的规定，为境外窃取、刺探、收买、非法提供国家秘密或者情报，对国家安全和利益造成其他严重损害的，处五年以上十年以下有期徒刑，可以并处没收财产。

87 为境外窃取、刺探、收买、非法提供秘密级国家秘密或者情报，“情节较轻”的，应当如何处罚？

答：根据《最高人民法院关于审理为境外窃取、刺探、收买、非法提供国家秘密、情报案件具体应用法律若干问题的解释》第四条的规定，为境外窃取、刺探、收买、非法提供秘密级国家秘密或者情报，属于“情节较轻”，处五年以下有期徒刑、拘役、管制或者剥夺政治权利，可以并处没收财产。

88 行为人知道或者应当知道没有标明密级的事项关系国家安全和利益，而为境外窃取、刺探、收买、非法提供的，应当如何处罚？

答：根据《最高人民法院关于审理为境外窃取、刺探、收买、非法提供国家秘密、情报案件具体应用法律若干问题的解释》第五条的规定，行为人知道或者应当知道没有标明密级的事项关系国家安全和利益，而为境外窃取、刺探、收买、非法提供的，依照《中华人民共和国刑法》第一百一十一条的规定以为境外窃取、刺探、收买、非法提供国家秘密罪定罪处罚。

89 通过互联网将国家秘密或者情报非法发送给境外的机构、组织、个人的，应当如何处罚？

答：根据《最高人民法院关于审理为境外窃取、刺探、收买、非法提供国家秘密、情报案件具体应用法律若干问题的解释》第六条的规定，通过互联网将国家秘密或者情报非法发送给境外的机构、组织、个人的，依照《中华人民共和国刑法》第一百一十一条的规定定罪处罚；将国家秘密通过互联网予以发布，情节严重的，依照《中华人民共和国刑法》第三百九十八条的规定定罪处罚。

90 审理为境外窃取、刺探、收买、非法提供国家秘密案件，需要对有关事项是否属于国家秘密以及属于何种密级进行鉴定的，由哪个部门进行？

答： 根据《最高人民法院关于审理为境外窃取、刺探、收买、非法提供国家秘密、情报案件具体应用法律若干问题的解释》第七条的规定，审理为境外窃取、刺探、收买、非法提供国家秘密案件，需要对有关事项是否属于国家秘密以及属于何种密级进行鉴定的，由国家保密工作部门或者省、自治区、直辖市保密工作部门鉴定。

91 在反间谍安全防范工作中被要求整改的，未按照要求整改或者未达到整改要求的后果是什么？

答： 根据《反间谍安全防范工作规定》第二十八条的规定，对未按照要求整改或者未达到整改要求的机关、团体、企业事业组织和其他社会组织，国家安全机关可以依法约谈相关负责人，并将约谈情况通报该单位上级主管部门。

92 机关、团体、企业事业组织和其他社会组织及其工作人员未履行或者未按照规定履行反间谍安全防范责任和义务，造成不良后果或者影响的，应承担什么后果？

答：根据《反间谍安全防范工作规定》第二十九条的规定，机关、团体、企业事业组织和其他社会组织及其工作人员未履行或者未按照规定履行反间谍安全防范责任和义务，造成不良后果或者影响的，国家安全机关可以向有关机关、单位移送问题线索，建议有关机关、单位按照管理权限对负有责任的领导人员和直接责任人员依规依纪依法予以处理；构成犯罪的，依法追究刑事责任。

93 国家安全机关及其工作人员在反间谍安全防范指导和检查工作中，滥用职权、玩忽职守、徇私舞弊的，应承担什么后果？

答：根据《反间谍安全防范工作规定》第三十条的规定，国家安全机关及其工作人员在反间谍安全防范指导和检查工作中，滥用职权、玩忽职守、徇私舞弊的，对负有责任的领导人员和直接责任人员依规依纪依法予以处理；构成犯罪的，依法追究刑事责任。

第三章　调 查 处 置

94　国家安全机关工作人员执行反间谍工作任务时，可以查验相关人员的身份证明、问询情况和查看随带物品吗？

答：根据《中华人民共和国反间谍法》第二十四条的规定，国家安全机关工作人员依法执行反间谍工作任务时，依照规定出示工作证件，可以查验中国公民或者境外人员的身份证明，向有关个人和组织问询有关情况，对身份不明、有间谍行为嫌疑的人员，可以查看其随带物品。

95　国家安全机关工作人员依法执行反间谍工作任务时，需要出示证件吗？

答：根据《中华人民共和国反间谍法实施细则》第十四条的规定，国家安全机关工作人员依法执行反间谍工作任务时，应当出示国家安全部侦察证或者其他相应证件。

96 国家安全机关工作人员依法执行反间谍工作任务时，可以查验有关个人和组织的电子设备、设施及有关程序、工具吗？

答： 根据《中华人民共和国反间谍法》第二十五条的规定，国家安全机关工作人员依法执行反间谍工作任务时，经设区的市级以上国家安全机关负责人批准，出示工作证件，可以查验有关个人和组织的电子设备、设施及有关程序、工具。查验中发现存在危害国家安全情形的，国家安全机关应当责令其采取措施立即整改。拒绝整改或者整改后仍存在危害国家安全隐患的，可以予以查封、扣押。

对依照上述规定查封、扣押的电子设备、设施及有关程序、工具，在危害国家安全的情形消除后，国家安全机关应当及时解除查封、扣押。

97 国家安全机关执行反间谍工作紧急任务的车辆，可以配置特别通行标志和警灯、警报器吗？

答： 根据《中华人民共和国反间谍法实施细则》第十三条的规定，国家安全机关执行反间谍工作紧急任务的车辆，可以配置特别通行标志和警灯、警报器。

98 国家安全机关工作人员依法执行反间谍工作任务时，可以查阅、调取有关的文件、数据、资料、物品吗？

答：根据《中华人民共和国反间谍法》第二十六条的规定，国家安全机关工作人员依法执行反间谍工作任务时，根据国家有关规定，经设区的市级以上国家安全机关负责人批准，可以查阅、调取有关的文件、数据、资料、物品，有关个人和组织应当予以配合。查阅、调取不得超出执行反间谍工作任务所需的范围和限度。

99 国家安全机关工作人员如何传唤违反《中华人民共和国反间谍法》的人员？

答：根据《中华人民共和国反间谍法》第二十七条的规定，需要传唤违反《中华人民共和国反间谍法》的人员接受调查的，经国家安全机关办案部门负责人批准，使用传唤证传唤。对现场发现的违反《中华人民共和国反间谍法》的人员，国家安全机关工作人员依照规定出示工作证件，可以口头传唤，但应当在询问笔录中注明。传唤的原因和依据应当告知被传唤人。对无正当理由拒不接受传唤或者逃避传唤的人，可以强制传唤。

国家安全机关应当在被传唤人所在市、县内的指定地点或者其住所进行询问。

国家安全机关对被传唤人应当及时询问查证。询问查证的时间不得超过八小时；情况复杂，可能适用行政拘留或者涉嫌犯罪的，询问查证的时间不得超过二十四小时。国家安全机关应当为被传唤人提供必要的饮食和休息时间。严禁连续传唤。

除无法通知或者可能妨碍调查的情形以外，国家安全机关应当及时将传唤的原因通知被传唤人家属。在上述情形消失后，应当立即通知被传唤人家属。

100 国家安全机关调查间谍行为，可以依法对涉嫌间谍行为的人身、物品、场所进行检查吗？

答：根据《中华人民共和国反间谍法》第二十八条的规定，国家安全机关调查间谍行为，经设区的市级以上国家安全机关负责人批准，可以依法对涉嫌间谍行为的人身、物品、场所进行检查。

检查女性身体的，应当由女性工作人员进行。

101 国家安全机关调查间谍行为，可以查询涉嫌间谍行为人员的相关财产信息吗？

答：根据《中华人民共和国反间谍法》第二十九条的规定，国家安全机关调查间谍行为，经设区的市级以上国家安全机关负责人批准，可以查询涉嫌间谍行为人员的相关财产信息。

102 国家安全机关调查间谍行为，可以采取查封、扣押、冻结措施吗？

答：根据《中华人民共和国反间谍法》第三十条的规定，国家安全机关调查间谍行为，经设区的市级以上国家安全机关负责人批准，可以对涉嫌用于间谍行为的场所、设施或者财物依法查封、扣押、冻结；不得查封、扣押、冻结与被调查的间谍行为无关的场所、设施或者财物。

103 国家安全机关工作人员在反间谍工作中采取查阅、调取、传唤、检查、查询、查封、扣押、冻结等措施时，应注意什么？

答：根据《中华人民共和国反间谍法》第三十一条的规定，国家安全机关工作人员在反间谍工作中采取查阅、调取、传唤、检查、查询、查封、扣押、冻结等措施，应当由二人以上进行，依照有关规定出示工作证件及相关法律文书，并由相关人员在有关笔录等书面材料上签名、盖章。

国家安全机关工作人员进行检查、查封、扣押等重要取证工作，应当对全过程进行录音录像，留存备查。

104 在国家安全机关调查了解有关间谍行为的情况、收集有关证据时，个人和组织能拒绝吗？

答：根据《中华人民共和国反间谍法》第三十二条的规

定，在国家安全机关调查了解有关间谍行为的情况、收集有关证据时，有关个人和组织应当如实提供，不得拒绝。

105　对出境后可能对国家安全造成危害，或者对国家利益造成重大损失的中国公民，以及涉嫌间谍行为人员，可以不准出境吗？

答：根据《中华人民共和国反间谍法》第三十三条的规定，对出境后可能对国家安全造成危害，或者对国家利益造成重大损失的中国公民，国务院国家安全主管部门可以决定其在一定期限内不准出境，并通知移民管理机构。

对涉嫌间谍行为人员，省级以上国家安全机关可以通知移民管理机构不准其出境。

106　对入境后可能进行危害中华人民共和国国家安全活动的境外人员，可以不准其入境吗？

答：根据《中华人民共和国反间谍法》第三十四条的规定，对入境后可能进行危害中华人民共和国国家安全活动的境外人员，国务院国家安全主管部门可以通知移民管理机构不准其入境。

107　不准出境或者不准入境，如何执行及撤销？

答：根据《中华人民共和国反间谍法》第三十五条的规

定，对国家安全机关通知不准出境或者不准入境的人员，移民管理机构应当按照国家有关规定执行；不准出境、入境情形消失的，国家安全机关应当及时撤销不准出境、入境决定，并通知移民管理机构。

108 国家安全机关发现涉及间谍行为的网络信息内容或者网络攻击等风险的，应当怎么做？

答：根据《中华人民共和国反间谍法》第三十六条的规定，国家安全机关发现涉及间谍行为的网络信息内容或者网络攻击等风险，应当依照《中华人民共和国网络安全法》规定的职责分工，及时通报有关部门，由其依法处置或者责令电信业务经营者、互联网服务提供者及时采取修复漏洞、加固网络防护、停止传输、消除程序和内容、暂停相关服务、下架相关应用、关闭相关网站等措施，保存相关记录。情况紧急，不立即采取措施将对国家安全造成严重危害的，由国家安全机关责令有关单位修复漏洞、停止相关传输、暂停相关服务，并通报有关部门。

109 经采取相关措施，涉及间谍行为的网络信息内容或者网络攻击等风险已经消除的，国家安全机关和有关部门应该怎么做？

答：根据《中华人民共和国反间谍法》第三十六条的规定，经采取相关措施，涉及间谍行为的网络信息内容或者网络攻击等风险已经消除的，国家安全机关和有关部门应当及时作出恢复相关传输和服务的决定。

110 国家安全机关因反间谍工作需要，可以采取哪些措施？

答：根据《中华人民共和国反间谍法》第三十七条的规定，国家安全机关因反间谍工作需要，根据国家有关规定，经过严格的批准手续，可以采取技术侦察措施和身份保护措施。

111 需要对有关事项是否属于国家秘密或者情报进行鉴定以及需要对危害后果进行评估的，由哪个部门负责？

答：根据《中华人民共和国反间谍法》第三十八条的规定，对违反《中华人民共和国反间谍法》规定，涉嫌犯罪，需要对有关事项是否属于国家秘密或者情报进行鉴定以及需要对危害后果进行评估的，由国家保密部门或者省、自治区、直辖市保密部门按照程序在一定期限内进行鉴定和组织评估。

112 国家安全机关经调查，发现间谍行为涉嫌犯罪的，应当怎么做？

答：根据《中华人民共和国反间谍法》第三十九条的规定，国家安全机关经调查，发现间谍行为涉嫌犯罪的，应当依照《中华人民共和国刑事诉讼法》的规定立案侦查。

第四章　保障与监督

113　国家安全机关依法调查间谍行为，哪些单位应当提供必要的支持和协助？

答：根据《中华人民共和国反间谍法》第四十一条的规定，国家安全机关依法调查间谍行为，邮政、快递等物流运营单位和电信业务经营者、互联网服务提供者应当提供必要的支持和协助。

114　国家安全机关工作人员执行紧急任务，享有哪些通行便利？

答：根据《中华人民共和国反间谍法》第四十二条的规定，国家安全机关工作人员因执行紧急任务需要，经出示工作证件，享有优先乘坐公共交通工具、优先通行等通行便利。

115　国家机关工作人员依法执行任务时，可以进入哪些地方？

答：根据《中华人民共和国反间谍法》第四十三条的规

定，国家安全机关工作人员依法执行任务时，依照规定出示工作证件，可以进入有关场所、单位；根据国家有关规定，经过批准，出示工作证件，可以进入限制进入的有关地区、场所、单位。

116 国家安全机关因反间谍工作需要，可以优先使用或者依法征用哪些物资？

答：根据《中华人民共和国反间谍法》第四十四条的规定，国家安全机关因反间谍工作需要，根据国家有关规定，可以优先使用或者依法征用国家机关、人民团体、企业事业组织和其他社会组织以及个人的交通工具、通信工具、场地和建筑物等，必要时可以设置相关工作场所和设施设备，任务完成后应当及时归还或者恢复原状，并依照规定支付相应费用；造成损失的，应当给予补偿。

117 国家安全机关因反间谍工作需要，可以享有哪些通关便利？

答：根据《中华人民共和国反间谍法》第四十五条的规定，国家安全机关因反间谍工作需要，根据国家有关规定，可以提请海关、移民管理等检查机关对有关人员提供通关便利，对有关资料、器材等予以免检。有关检查机关应当依法予以协助。

118 国家安全机关工作人员因执行任务，个人因协助执行反间谍工作任务，本人或其近亲属的人身安全受到威胁时，由哪个机关予以保护、营救？

答：根据《中华人民共和国反间谍法》第四十六条的规定，国家安全机关工作人员因执行任务，或者个人因协助执行反间谍工作任务，本人或者其近亲属的人身安全受到威胁时，国家安全机关应当会同有关部门依法采取必要措施，予以保护、营救。

119 个人因支持、协助反间谍工作，本人或者其近亲属的人身安全面临危险的，可以向哪个部门请求予以保护？

答：根据《中华人民共和国反间谍法》第四十六条的规定，个人因支持、协助反间谍工作，本人或者其近亲属的人身安全面临危险的，可以向国家安全机关请求予以保护。国家安全机关应当会同有关部门依法采取保护措施。

120 个人和组织因支持、协助反间谍工作导致财产损失的，应当如何处理？

答：根据《中华人民共和国反间谍法》第四十六条的规定，个人和组织因支持、协助反间谍工作导致财产损失的，根据国家有关规定给予补偿。

121 应当如何对待为反间谍工作做出贡献并需要安置的人员？

答：根据《中华人民共和国反间谍法》第四十七条的规定，对为反间谍工作做出贡献并需要安置的人员，国家给予妥善安置。

122 哪些部门应当协助国家安全机关做好为反间谍工作做出贡献并需要安置人员的安置工作？

答：根据《中华人民共和国反间谍法》第四十七条的规定，公安、民政、财政、卫生健康、教育、人力资源和社会保障、退役军人事务、医疗保障、移民管理等有关部门以及国有企业事业单位应当协助国家安全机关做好为反间谍工作做出贡献并需要安置人员的安置工作。

123 国家对哪些开展反间谍工作或支持、协助反间谍工作的人员给予相应的抚恤优待？

答：根据《中华人民共和国反间谍法》第四十八条的规定，对因开展反间谍工作或者支持、协助反间谍工作导致伤残或者牺牲、死亡的人员，根据国家有关规定给予相应的抚恤优待。

124 对反间谍领域科技创新，国家持何种态度？

答：根据《中华人民共和国反间谍法》第四十九条的规定，国家鼓励反间谍领域科技创新，发挥科技在反间谍工作中的作用。

125 如何提升反间谍工作能力？

答：根据《中华人民共和国反间谍法》第五十条的规定，国家安全机关应当加强反间谍专业力量人才队伍建设和专业训练，提升反间谍工作能力。

对国家安全机关工作人员应当有计划地进行政治、理论和业务培训。培训应当坚持理论联系实际、按需施教、讲求实效，提高专业能力。

126 国家安全机关如何落实内部监督和安全审查制度？

答：根据《中华人民共和国反间谍法》第五十一条的规定，国家安全机关应当严格执行内部监督和安全审查制度，对其工作人员遵守法律和纪律等情况进行监督，并依法采取必要措施，定期或者不定期进行安全审查。

127 国家机关工作人员在国家安全工作和涉及国家安全活动中，滥用职权、玩忽职守、徇私舞弊的，应当如何处理?

答：根据《中华人民共和国国家安全法》第十三条的规定，国家机关工作人员在国家安全工作和涉及国家安全活动中，滥用职权、玩忽职守、徇私舞弊的，依法追究法律责任。

128 个人和组织发现国家安全机关及其工作人员超越职权、滥用职权和其他违法行为，有权怎么做?

答：根据《中华人民共和国反间谍法》第五十二条的规定，任何个人和组织对国家安全机关及其工作人员超越职权、滥用职权和其他违法行为，都有权向上级国家安全机关或者监察机关、人民检察院等有关部门检举、控告。

129 受理检举、控告的国家安全机关或者监察机关、人民检察院等有关部门应当履行什么职责?

答：根据《中华人民共和国反间谍法》第五十二条的规定，受理检举、控告的国家安全机关或者监察机关、人民检察院等有关部门应当及时查清事实，依法处理，并将处理结果及时告知检举人、控告人。

130 对支持、协助国家安全机关工作或者依法检举、控告的个人和组织，任何个人和组织不得怎么做？

答：根据《中华人民共和国反间谍法》第五十二条的规定，对支持、协助国家安全机关工作或者依法检举、控告的个人和组织，任何个人和组织不得压制和打击报复。

131 国家机关工作人员对控告人、申诉人、批评人、举报人实行报复陷害的，如何处罚？

答：根据《中华人民共和国刑法》第二百五十四条的规定，国家机关工作人员滥用职权、假公济私，对控告人、申诉人、批评人、举报人实行报复陷害的，处二年以下有期徒刑或者拘役；情节严重的，处二年以上七年以下有期徒刑。

第五章 法律责任

132 实施间谍行为，构成犯罪的，如何处罚？

答：根据《中华人民共和国反间谍法》第五十三条的规定，实施间谍行为，构成犯罪的，依法追究刑事责任。

133 个人实施间谍行为，尚不构成犯罪的，如何处罚？

答：根据《中华人民共和国反间谍法》第五十四条的规定，个人实施间谍行为，尚不构成犯罪的，由国家安全机关予以警告或者处十五日以下行政拘留，单处或者并处五万元以下罚款，违法所得在五万元以上的，单处或者并处违法所得一倍以上五倍以下罚款，并可以由有关部门依法予以处分。

134 明知他人实施间谍行为，为其提供支持、协助，或者窝藏、包庇，尚不构成犯罪的，如何处罚？

答：根据《中华人民共和国反间谍法》第五十四条的规

定，明知他人实施间谍行为，为其提供信息、资金、物资、劳务、技术、场所等支持、协助，或者窝藏、包庇，尚不构成犯罪的，由国家安全机关予以警告或者处十五日以下行政拘留，单处或者并处五万元以下罚款，违法所得在五万元以上的，单处或者并处违法所得一倍以上五倍以下罚款，并可以由有关部门依法予以处分。

135 明知是犯罪的人而为其提供隐藏处所、财物，帮助其逃匿或者作假证明包庇的，应如何处罚？

答：根据《中华人民共和国刑法》第三百一十条的规定，明知是犯罪的人而为其提供隐藏处所、财物，帮助其逃匿或者作假证明包庇的，处三年以下有期徒刑、拘役或者管制；情节严重的，处三年以上十年以下有期徒刑。

犯上述罪，事前通谋的，以共同犯罪论处。

136 单位实施间谍行为或者为他人实施间谍行为提供支持、协助、窝藏、包庇，尚不构成犯罪的，如何处罚？

答：根据《中华人民共和国反间谍法》第五十四条的规定，单位实施间谍行为或者为他人实施间谍行为提供信息、资金、物资、劳务、技术、场所等支持、协助，或者窝藏、包庇，尚不构成犯罪的，由国家安全机关予以警告，单处或者并处五十万元以下罚款，违法所得在五十万元以上的，单处或者并处违法所得一倍以上五倍以下罚款，并对直接负责的主管人员和其他直接责任人员，由国家安全机关予以警告或者处十五日以下行政拘留，单处或者并处五万元以下罚款，违法所得在五万元以上的，单处或者并处违法所得一倍以上五倍以下罚款，并可以由有关部门依法予以处分。

137 对相关单位、人员的间谍违法行为，国家安全机关可以提出哪些处罚建议？

答：根据《中华人民共和国反间谍法》第五十四条的规定，国家安全机关根据相关单位、人员违法情节和后果，可以建议有关主管部门依法责令停止从事相关业务、提供相关服务或者责令停产停业、吊销有关证照、撤销登记。有关主管部门应当将作出行政处理的情况及时反馈国家安全机关。

138 对于实施间谍行为，有自首或者立功表现的，应如何处理？

答：根据《中华人民共和国反间谍法》第五十五条的规定，实施间谍行为，有自首或者立功表现的，可以从轻、减轻或者免除处罚；有重大立功表现的，给予奖励。

139 实施间谍行为后的“立功表现”有哪些？

答：根据《中华人民共和国反间谍法实施细则》第二十条的规定，下列情形属于《中华人民共和国反间谍法》所称“立功表现”：

（1）揭发、检举危害国家安全的其他犯罪分子，情况属实的；

（2）提供重要线索、证据，使危害国家安全的行为得以发现和制止的；

（3）协助国家安全机关、司法机关捕获其他危害国家安全的犯罪分子的；

（4）对协助国家安全机关维护国家安全有重要作用的其他行为。

140 实施间谍行为后的“重大立功表现”有哪些？

答：根据《中华人民共和国反间谍法实施细则》第二十条的规定，《中华人民共和国反间谍法》所称“重大立功表现”是指存在下列“立功表现”的情形，且在下列立功表现的范围内对国家安全工作有特别重要作用的：

（1）揭发、检举危害国家安全的其他犯罪分子，情况属实的；

（2）提供重要线索、证据，使危害国家安全的行为得以发现和制止的；

（3）协助国家安全机关、司法机关捕获其他危害国家安全的犯罪分子的；

（4）对协助国家安全机关维护国家安全有重要作用的其他行为。

141 参加间谍组织、敌对组织，从事危害中华人民共和国国家安全的活动，在什么情况下可以不予追究？

答：根据《中华人民共和国反间谍法》第五十五条的规定，在境外受胁迫或者受诱骗参加间谍组织、敌对组织，从事危害中华人民共和国国家安全的活动，及时向中华人民共和国驻外机构如实说明情况，或者入境后直接或者通过所在单位及时向国家安全机关如实说明情况，并有悔改表现的，可以不予追究。

142 《中华人民共和国反间谍法》所称“敌对组织”指什么？

答：根据《中华人民共和国反间谍法实施细则》第五条的规定，《中华人民共和国反间谍法》所称“敌对组织”，是指敌视中华人民共和国人民民主专政的政权和社会主义制度，危害国家安全的组织。敌对组织由国务院国家安全主管部门或者国务院公安部门确认。

143 参加间谍组织或者接受间谍组织及其代理人的任务，或者为敌人指示轰击目标，危害国家安全的，应当负何种刑事责任？

答：根据《中华人民共和国刑法》第一百一十条的规定，有下列间谍行为之一，危害国家安全的，处十年以上有期徒刑或者无期徒刑；情节较轻的，处三年以上十年以下有期徒刑：

（1）参加间谍组织或者接受间谍组织及其代理人的任务的；

（2）为敌人指示轰击目标的。

144 相关主体未履行反间谍安全防范义务的法律责任有哪些？

答：根据《中华人民共和国反间谍法》第五十六条的规定，国家机关、人民团体、企业事业组织和其他社会组织未按照《中华人民共和国反间谍法》规定履行反间谍安全防范义务的，国家安全机关可以责令改正；未按照要求改正的，国家安全机关可以约谈相关负责人，必要时可以将约谈情况通报该单位上级主管部门；产生危害后果或者不良影响的，国家安全机关可以予以警告、通报批评；情节严重的，对负有责任的领导人员和直接责任人员，由有关部门依法予以处分。

145 违反《中华人民共和国反间谍法》规定新建、改建、扩建建设项目的，应当如何处罚？

答：根据《中华人民共和国反间谍法》第五十七条的规定，违反《中华人民共和国反间谍法》规定在重要国家机关、国防军工单位和其他重要涉密单位以及重要军事设施的周边安全控制区域新建、改建、扩建建设项目的，由国家安全机关责令改正，予以警告；拒不改正或者情节严重的，责令停止建设或者使用、暂扣或者吊销许可证件，或者建议有关主管部门依法予以处理。

146 邮政、快递等物流运营单位和电信业务经营者、互联网服务提供者，对国家机关依法调查间谍行为，未提供必要的支持和协助的，应当如何处罚？

答：《中华人民共和国反间谍法》第四十一条规定，国家安全机关依法调查间谍行为，邮政、快递等物流运营单位和电信业务经营者、互联网服务提供者应当提供必要的支持和协助。未提供的，根据《中华人民共和国反间谍法》第五十八条的规定，由国家安全机关责令改正，予以警告或者通报批评；拒不改正或者情节严重的，由有关主管部门依照相关法律法规予以处罚。

147 拒不配合数据调取的，应如何处罚？

答：根据《中华人民共和国反间谍法》第五十九条的规定，违反《中华人民共和国反间谍法》规定，拒不配合数据调取的，由国家安全机关依照《中华人民共和国数据安全法》的有关规定予以处罚。

148 非法持有属于国家绝密、机密的文件、资料或者其他物品，拒不说明来源与用途的，应当负何种刑事责任？

答：根据《中华人民共和国刑法》第二百八十二条的规定，非法持有属于国家绝密、机密的文件、资料或者其他物品，拒不说明来源与用途的，处三年以下有期徒刑、拘役或者管制。

149 违反《中华人民共和国反间谍法》规定，泄露有关反间谍工作的国家秘密的，应当如何处罚？

答：根据《中华人民共和国反间谍法》第六十条的规定，泄露有关反间谍工作的国家秘密，构成犯罪的，依法追究刑事责任；尚不构成犯罪的，由国家安全机关予以警告或者处十日以下行政拘留，可以并处三万元以下罚款。

150 违反《中华人民共和国反间谍法》规定，明知他人有间谍犯罪行为，在国家安全机关向其调查有关情况、收集有关证据时，拒绝提供的，应当如何处罚？

答：根据《中华人民共和国反间谍法》第六十条的规定，明知他人有间谍犯罪行为，在国家安全机关向其调查有关情况、收集有关证据时，拒绝提供，构成犯罪的，依法追究刑事责任；尚不构成犯罪的，由国家安全机关予以警告或者处十日以下行政拘留，可以并处三万元以下罚款。

151 明知他人有间谍犯罪或者恐怖主义、极端主义犯罪行为，拒绝向司法机关提供，情节严重的，应当负何种刑事责任？

答：根据《中华人民共和国刑法》第三百一十一条的规定，明知他人有间谍犯罪或者恐怖主义、极端主义犯罪行为，在司法机关向其调查有关情况、收集有关证据时，拒绝提供，情节严重的，处三年以下有期徒刑、拘役或者管制。

152 违反《中华人民共和国反间谍法》规定，故意阻碍国家安全机关依法执行任务的，应当如何处罚？

答：根据《中华人民共和国反间谍法》第六十条的规

定，故意阻碍国家安全机关依法执行任务，构成犯罪的，依法追究刑事责任；尚不构成犯罪的，由国家安全机关予以警告或者处十日以下行政拘留，可以并处三万元以下罚款。

153 违反《中华人民共和国反间谍法》规定，隐藏、转移、变卖、损毁国家安全机关依法查封、扣押、冻结的财物的，应当如何处罚？

答：根据《中华人民共和国反间谍法》第六十条的规定，隐藏、转移、变卖、损毁国家安全机关依法查封、扣押、冻结的财物，构成犯罪的，依法追究刑事责任；尚不构成犯罪的，由国家安全机关予以警告或者处十日以下行政拘留，可以并处三万元以下罚款。

154 违反《中华人民共和国反间谍法》规定，明知是间谍行为的涉案财物而窝藏、转移、收购、代为销售或者以其他方法掩饰、隐瞒的，应当如何处罚？

答：根据《中华人民共和国反间谍法》第六十条的规定，明知是间谍行为的涉案财物而窝藏、转移、收购、代为销售或者以其他方法掩饰、隐瞒，构成犯罪的，依法追究刑事责任；尚不构成犯罪的，由国家安全机关予以警告或者处十日以下行政拘留，可以并处三万元以下罚款。

155 违反《中华人民共和国反间谍法》规定，对依法支持、协助国家安全机关工作的个人和组织进行打击报复的，应当如何处罚？

答：根据《中华人民共和国反间谍法》第六十条的规定，对依法支持、协助国家安全机关工作的个人和组织进行打击报复，构成犯罪的，依法追究刑事责任；尚不构成犯罪的，由国家安全机关予以警告或者处十日以下行政拘留，可以并处三万元以下罚款。

156 非法获取、持有属于国家秘密的文件、数据、资料、物品，以及非法生产、销售、持有、使用专用间谍器材，尚不构成犯罪的，应当如何处罚？

答：根据《中华人民共和国反间谍法》第六十一条的规定，非法获取、持有属于国家秘密的文件、数据、资料、物品，以及非法生产、销售、持有、使用专用间谍器材，尚不构成犯罪的，由国家安全机关予以警告或者处十日以下行政拘留。

157 国家安全机关对依照《中华人民共和国反间谍法》查封、扣押、冻结的财物，应当如何处理？

答：根据《中华人民共和国反间谍法》第六十二条的规

定，国家安全机关对依照《中华人民共和国反间谍法》查封、扣押、冻结的财物，应当妥善保管，并按照下列情形分别处理：

（1）涉嫌犯罪的，依照《中华人民共和国刑事诉讼法》等有关法律的规定处理；

（2）尚不构成犯罪，有违法事实的，对依法应当没收的予以没收，依法应当销毁的予以销毁；

（3）没有违法事实的，或者与案件无关的，应当解除查封、扣押、冻结，并及时返还相关财物；造成损失的，应当依法予以赔偿。

158 在哪些情形下对涉案财物应当依法予以追缴、没收，或者采取措施消除隐患？

答：根据《中华人民共和国反间谍法》第六十三条的规定，涉案财物符合下列情形之一的，应当依法予以追缴、没收，或者采取措施消除隐患：

（1）违法所得的财物及其孳息、收益，供实施间谍行为所用的本人财物；

（2）非法获取、持有的属于国家秘密的文件、数据、资料、物品；

（3）非法生产、销售、持有、使用的专用间谍器材。

159 对行为人及其近亲属或者其他相关人员从间谍组织及其代理人获取的所有利益，如何处理？

答：根据《中华人民共和国反间谍法》第六十四条的规定，行为人及其近亲属或者其他相关人员，因行为人实施间谍行为从间谍组织及其代理人获取的所有利益，由国家安全机关依法采取追缴、没收等措施。

160 国家安全机关依法收缴的罚款以及没收的财物，如何处理？

答：根据《中华人民共和国反间谍法》第六十五条的规定，国家安全机关依法收缴的罚款以及没收的财物，一律上缴国库。

161 境外人员违反《中华人民共和国反间谍法》的，如何处罚？

答：根据《中华人民共和国反间谍法》第六十六条的规定，境外人员违反《中华人民共和国反间谍法》的，国务院国家安全主管部门可以决定限期出境，并决定其不准入境的期限。未在规定期限内离境的，可以遣送出境。

162 境外人员违反《中华人民共和国反间谍法》，被国务院国家安全主管部门决定驱逐出境的，还可以再次入境吗？

答：根据《中华人民共和国反间谍法》第六十六条的规定，对违反《中华人民共和国反间谍法》的境外人员，国务院国家安全主管部门决定驱逐出境的，自被驱逐出境之日起十年内不准入境，国务院国家安全主管部门的处罚决定为最终决定。

163 国家安全机关作出行政处罚决定之前，应当对当事人作哪些告知？

答：根据《中华人民共和国反间谍法》第六十七条的规定，国家安全机关作出行政处罚决定之前，应当告知当事人拟作出的行政处罚内容及事实、理由、依据，以及当事人依法享有的陈述、申辩、要求听证等权利，并依照《中华人民共和国行政处罚法》的有关规定实施。

164 当事人对行政处罚决定、行政强制措施决定、行政许可决定不服的，可以怎么做？

答：根据《中华人民共和国反间谍法》第六十八条的规定，当事人对行政处罚决定、行政强制措施决定、行政许可决定不服的，可以自收到决定书之日起六十日内，依法申请复议；对复议决定不服的，可以自收到复议决定书之日起十五日内，依法向人民法院提起诉讼。

165 对于国家安全机关工作人员滥用职权等行为，应当如何处罚？

答： 根据《中华人民共和国反间谍法》第六十九条的规定，国家安全机关工作人员滥用职权、玩忽职守、徇私舞弊，或者有非法拘禁、刑讯逼供、暴力取证、违反规定泄露国家秘密、工作秘密、商业秘密和个人隐私、个人信息等行为，依法予以处分，构成犯罪的，依法追究刑事责任。

第六章　附　　则

166 **国家安全机关依照法律、行政法规和国家有关规定，履行防范、制止和惩治间谍行为以外的危害国家安全行为的职责，适用《中华人民共和国反间谍法》吗？**

答：根据《中华人民共和国反间谍法》第七十条的规定，国家安全机关依照法律、行政法规和国家有关规定，履行防范、制止和惩治间谍行为以外的危害国家安全行为的职责，适用《中华人民共和国反间谍法》的有关规定。

167 **公安机关在依法履行职责过程中发现、惩治危害国家安全的行为，适用《中华人民共和国反间谍法》吗？**

答：公安机关在依法履行职责过程中发现、惩治危害国家安全的行为，适用《中华人民共和国反间谍法》的有关规定。

168 什么是《中华人民共和国反间谍法》所称“间谍行为以外的危害国家安全行为”？

答：根据《中华人民共和国反间谍法实施细则》第八条的规定，下列行为属于《中华人民共和国反间谍法》所称“间谍行为以外的危害国家安全行为”：

（1）组织、策划、实施分裂国家、破坏国家统一，颠覆国家政权、推翻社会主义制度的；

（2）组织、策划、实施危害国家安全的恐怖活动的；

（3）捏造、歪曲事实，发表、散布危害国家安全的文字或者信息，或者制作、传播、出版危害国家安全的音像制品或者其他出版物的；

（4）利用设立社会团体或者企业事业组织，进行危害国家安全活动的；

（5）利用宗教进行危害国家安全活动的；

（6）组织、利用邪教进行危害国家安全活动的；

（7）制造民族纠纷，煽动民族分裂，危害国家安全的；

（8）境外个人违反有关规定，不听劝阻，擅自会见境内有危害国家安全行为或者有危害国家安全行为重大嫌疑的人员的。

169 实施危害国家安全的行为，应承担什么法律责任？

答：根据《中华人民共和国反间谍法实施细则》第十九

条的规定，实施危害国家安全的行为，由有关部门依法予以处分，国家安全机关也可以予以警告；构成犯罪的，依法追究刑事责任。

170 《中华人民共和国反间谍法》自何时起施行?

答：根据《中华人民共和国反间谍法》第七十一条的规定，《中华人民共和国反间谍法》自2023年7月1日起施行。

附录一

典型案例

案例一 黄某某为境外刺探、非法提供国家秘密案①

被告人黄某某通过QQ与一位境外人员结识，后多次按照对方要求到军港附近进行观测，采取望远镜观看、手机拍摄等方式，搜集军港内军舰信息，整编后传送给对方，以获取报酬。至案发，黄某某累计向境外人员报送信息90余次，收取报酬5.4万元。经鉴定，黄某某向境外人员提供的信息属1项机密级军事秘密。

法院认为，被告人黄某某无视国家法律，接受境外人员指使，积极为境外人员刺探、非法提供国家秘密，其行为已构成为境外刺探、非法提供国家秘密罪。依照《中华人民共和国刑法》相关规定，对黄某某以为境外刺探、非法提供国家秘密罪判处有期徒刑五年，剥夺政治权利一年，并处没收个人财产人民币5万元。

① 《全民国家安全教育典型案例及相关法律规定》，载最高人民法院官网2019年4月15日，https：//www.court.gov.cn/zixun-xiangqing-151722.html。

案例二 李某某资助危害国家安全犯罪活动案①

【基本案情】

李某某，曾用名李某祥，男，1955 年出生于上海，后加入伯利兹籍，但长期在国内经商。2009 年，李某某在某西方大国参加一场反华活动时，结识了反华分子杨某某。此后，李某某在明知杨某某从事危害我国国家安全犯罪活动的情况下，长期资助杨某某实施相关犯罪活动。其中，2016 年至 2019 年，李某某以现金或者支票方式资助杨某某 10 余万美元，折合人民币 100 余万元。

一审法院判决：李某某犯资助危害国家安全犯罪活动罪，判处有期徒刑十一年，并处没收个人财产人民币二百万元。一审宣判后，李某某提出上诉。二审法院裁定：驳回上诉，维持原判。

【裁判理由】

根据刑法第一百零七条，资助危害国家安全犯罪活动罪，是指境内外机构、组织或者个人资助实施背叛国家，分裂国家，煽动分裂国家，武装叛乱、暴乱，颠覆国家政权，煽动颠覆国家政权的行为。背叛国家，分裂国家，煽动分裂国家，武装叛乱、暴乱，颠覆国家政权，煽动颠覆国家政权的行为

---

① 《最高法发布平安中国建设第一批典型案例》，载最高人民法院官网 2021 年 12 月 31 日，https：//www. court. gov. cn/zixun-xiangqing-339541. html。

都是对国家安全具有重大危害的犯罪，对这些危害国家安全的犯罪活动进行资助，实际上就是帮助犯，资助行为与被资助的危害国家安全犯罪活动侵害的目标是一致的，都是国家安全。本罪的犯罪主体为境内外机构、组织或者个人，实际上是一般主体，不仅包括境内机构、组织、个人，而且包括境外机构、组织、个人。刑法第六条规定，凡在中华人民共和国领域内犯罪的，除法律有特别规定的以外，都适用中国刑法；犯罪的行为或者结果有一项发生在中华人民共和国领域内的，就认为是在中华人民共和国领域内犯罪。资助危害国家安全犯罪活动，无论资助行为发生在国内还是国外，因资助的结果发生在中国领域内，所以属于在中国领域内犯罪，适用中国刑法。

本案中，被告人李某某明知杨某某在境外实施危害我国国家安全的犯罪活动仍向杨某某提供资助，资助杨某某实施了一系列危害我国国家安全的犯罪活动，给我国的国家安全造成严重危害，其行为符合刑法规定的资助危害国家安全犯罪活动罪的构成要件，依法应以资助危害国家安全犯罪活动罪定罪处罚。

【典型意义】

李某某资助危害国家安全犯罪活动案，是近年来人民法院审理的一起典型危害国家安全犯罪案件。李某某出生在中国，生意在中国，却资助境外反华分子实施危害我国国家安全的犯罪活动，属于典型的吃中国饭砸中国碗的内奸。案件的依法审理，传递出国家安全不容侵犯的坚决态度：不管是谁，只要触犯了中华人民共和国刑法，危害到了我国国家安全，都将依法追究其刑事责任。

《国家安全法》第十一条第一款规定："中华人民共和国公民、一切国家机关和武装力量、各政党和各人民团体、企业事业组织和其他社会组织，都有维护国家安全的责任和义务。"维护国家安全，人人有责，也必须人人负责、人人尽责。公民和组织应当切实履行维护国家安全的义务，及时报告危害国家安全活动的线索，保守所知悉的国家秘密，为国家安全工作提供便利条件或者其他协助等。机关、人民团体、企业事业组织和其他社会组织应当对本单位的人员进行维护国家安全的教育，动员、组织本单位的人员防范、制止危害国家安全的行为。

国家安全是安邦定国的重要基石，维护国家安全是全国各族人民根本利益所在。人民法院作为审判机关，肩负着维护国家安全和社会稳定的神圣使命。近年来，人民法院坚决贯彻党中央决策部署，忠实履行刑事审判职责，依法坚决打击危害国家安全犯罪，为维护国家安全提供了坚强有力的司法保障。新时代新征程，人民法院将全面贯彻总体国家安全观，依法严厉打击敌对势力渗透、破坏、颠覆、分裂活动，坚决捍卫国家政治安全特别是政权安全、制度安全。

案例三　陈某某为境外刺探、非法提供国家秘密案①

被告人陈某某系某职业技术学院学生。2020 年 2 月中旬，陈某某通过“探探”APP 平台结识了境外人员“涵”。陈某某在明知“涵”是境外人员的情况下，为获取报酬，于 2020 年 3 月至 2020 年 7 月间，按照“涵”的要求，多次前往军港等军事基地，观察、搜集、拍摄涉军装备及部队位置等信息，并通过微信、坚果云、rocket. chat 等软件发送给“涵”。陈某某先后收受“涵”通过微信、支付宝转账的报酬共计人民币 1 万余元以及鱼竿、卡西欧手表等财物。经密级鉴定，陈某某发送给“涵”的图片涉及 1 项机密级军事秘密、2 项秘密级军事秘密和 2 项内部事项。

最终，陈某某因犯为境外刺探、非法提供国家秘密罪被判处有期徒刑六年，剥夺政治权利二年，并处没收个人财产人民币一万元。

案例四　黄某某为境外刺探、非法提供国家秘密案②

黄某某，案发前系婚纱摄影师。2019 年 7 月，被告人黄

---

① 《检察机关依法惩治危害国家安全犯罪典型案例》，载最高人民检察院官网 2022 年 4 月 16 日，https：//www. spp. gov. cn/xwfbh/wsfbt/202204/t20220416_554500. shtml#1。

② 《检察机关依法惩治危害国家安全犯罪典型案例》，载最高人民检察院官网 2022 年 4 月 16 日，https：//www. spp. gov. cn/xwfbh/wsfbt/202204/t20220416_554500. shtml#1。

某某通过微信聊天与境外人员“琪姐”结识。在“琪姐”的指示下，于2019年7月至2020年5月间，黄某某利用在某军港附近海滩从事婚纱摄影的便利，使用专业照相器材、手机等远景拍摄军港周边停泊的军舰，为了避免暴露自己，黄某某还采用欺骗、金钱引诱等方式委托他人为自己拍摄该军港附近海湾全景。黄某某以每周2到3次的频率，累计拍摄达90余次，其中涉及军港军舰照片384张。黄某某将拍摄的照片通过网络以共用网盘、群组共享等方式发送给境外人员“琪姐”，共收取对方提供的报酬人民币4万余元。经鉴定，涉案照片涉及绝密级秘密3项，机密级秘密2项。

最终，黄某某因犯为境外刺探、非法提供国家秘密罪被判处有期徒刑十四年，剥夺政治权利五年，并处没收个人财产人民币四万元。

案例五 吴某某间谍案①

被告人吴某某，男，案发前系某机场航务与运行管理部运行指挥员。2020年7月，被告人吴某某通过自己及其姐姐、哥哥等人的闲鱼账号在“闲鱼”软件承接跑腿业务，某间谍组织代理人“鱼总”通过“闲鱼”软件的自动回复号码搜索添加了被告人吴某某的微信。后吴某某在金钱诱惑下被

① 《检察机关依法惩治危害国家安全犯罪典型案例》，载最高人民检察院官网2022年4月16日，https：//www. spp. gov. cn/xwfbh/wsfbt/202204/t20220416_554500. shtml#1。

“鱼总”发展，并接受其要求吴某某提供政府机关重要人员到某机场的行程信息，被告人吴某某利用自己在该机场运行管理部担任运行指挥员的便利，多次刺探、截获政府机关重要人员的行程信息，并通过境外聊天软件发送给“鱼总”，共收取“鱼总”提供的间谍经费人民币2.6万余元。经鉴定，被告人吴某某为间谍组织代理人“鱼总”提供的信息涉1项机密级军事秘密，2项秘密级军事秘密。

最终，吴某某因犯间谍罪被判处有期徒刑十三年，剥夺政治权利四年。

案例六　航空公司信息系统遭攻击　部分乘客出行记录被窃取①

2020年1月，某航空公司向国家安全机关报告，该公司信息系统出现异常，怀疑遭到网络攻击。国家安全机关立即进行技术检查，确认相关信息系统遭到网络武器攻击，多台重要服务器和网络设备被植入特种木马程序，部分乘客出行记录等数据被窃取。

国家安全机关经过进一步排查发现，另有多家航空公司信息系统遭到同一类型的网络攻击和数据窃取。经深入调查，确认相关攻击活动是由某境外间谍情报机关精心谋划、秘密实施，攻击中利用了多个技术漏洞，并利用多个网络设备进

① 新华社：《境外间谍在我国航空公司信息系统植入木马》，载中国青年报网站，https：//s. cyol. com/articles/2021-11/01/content_ DjGbLGc2. html。

行跳转，以隐匿踪迹。

针对这一情况，国家安全机关及时协助有关航空公司全面清除被植入的特种木马程序，调整技术安全防范策略、强化防范措施，制止了危害的进一步扩大。

案例七 境外咨询调查公司 秘密搜集窃取航运数据[①]

2021 年 5 月，国家安全机关工作发现，某境外咨询调查公司通过网络、电话等方式，频繁联系我大型航运企业、代理服务公司的管理人员，以高额报酬聘请行业咨询专家之名，与我境内数十名人员建立“合作”，指使其广泛搜集提供我航运基础数据、特定船只载物信息等。办案人员进一步调查掌握，相关境外咨询调查公司与所在国家间谍情报机关关系密切，承接了大量情报搜集和分析业务，通过我境内人员所获的航运数据，都提供给该国间谍情报机关。

为防范相关危害持续发生，国家安全机关及时对有关境内人员进行警示教育，并责令所在公司加强内部人员管理和数据安全保护措施。同时，依法对该境外咨询调查公司有关活动进行了查处。

---

① 新华社：《境外间谍在我国航空公司信息系统植入木马》，载中国青年报网站，https：//s. cyol. com/articles/2021-11/01/content_ DjGbLGc2. html。

案例八　军事基地周边私自架观测设备　向境外传送敏感气象数据①

2021 年 3 月，国家安全机关工作发现，国家某重要军事基地周边建有一可疑气象观测设备，具备采集精确位置信息和多类型气象数据的功能，所采集数据直接传送至境外。

国家安全机关调查掌握，有关气象观测设备由李某网上购买并私自架设，类似设备已向全国多地售出 100 余套，部分被架设在我重要区域周边，有关设备所采集数据被传送到境外某气象观测组织的网站。该境外气象观测组织实际上由某国政府部门以科研之名发起成立，而该部门的一项重要任务就是搜集分析全球气象数据信息，为其军方提供服务。

国家安全机关会同有关部门联合开展执法，责令有关人员立即拆除设备，消除了风险隐患。

国家安全机关提醒社会公众，数据安全关乎国家安全和公共利益，是非传统安全的重要方面。如发现危害国家安全的可疑情况，请立即拨打国家安全机关举报受理电话 12339，或登录国家安全机关举报受理平台进行举报。

---

①　新华社：《境外间谍在我国航空公司信息系统植入木马》，载中国青年报网站，https：//s. cyol. com/articles/2021-11/01/content_ DjGbLGc2. html。

案例九　杨冲非法生产、销售专用间谍器材、窃听、窃照专用器材罪一审刑事判决书

【裁判理由】

淳安县人民法院（2020）浙 0127 刑初 29 号

本院认为，被告人杨冲未经国家有关主管部门批准擅自销售窃听、窃照专用器材，行为已构成非法销售窃听、窃照专用器材罪，公诉机关的指控成立。被告人杨冲在刑罚执行完毕后五年内再犯应当判处有期徒刑以上刑罚之罪系累犯，依法从重处罚。被告人自侦查阶段如实供述犯罪事实，自愿认罪认罚且退出部分违法所得，本院酌情从宽处罚。辩护人据此提出对被告人从轻处罚的辩护意见，予以采纳。公诉机关量刑建议适当，应予采纳。根据被告人犯罪的事实、性质、情节和对社会的危害程度，依照《中华人民共和国刑法》第二百八十三条、第六十五条第一款、第六十七条第三款、第五十二条、第五十三条、第六十四条之规定，作出判决。

【裁判结果】

一、被告人杨冲犯非法销售窃听、窃照专用器材罪，判处有期徒刑一年六个月，并处罚金人民币 20000 元（刑期从判决执行之日起计算，判决执行前先行羁押的，羁押一日折抵刑期一日，即自 2019 年 8 月 7 日起至 2021 年 2 月 6 日止。

罚金限判决生效后十日内缴纳）。二、责令被告人杨冲继续退出违法所得 5 万元，连同已退出的 5 万元全部予以没收，上缴国库。三、扣押于公安机关的硬盘等物品，由扣押机关依法予以没收。

案例十　颜某 1、颜某 2、魏某 1 非法生产、销售专用间谍器材、窃听、窃照专用器材罪一审刑事判决书

【裁判理由】

盐源县人民法院（2019）川 3423 刑初 95 号

本院认为，被告人颜某 1、颜某 2、魏某 1 未经国家安全部门批准，擅自销售窃听、窃照专用器材，其行为符合非法销售窃听、窃照专用器材罪的全部构成要件，构成非法销售窃听、窃照专用器材罪。公诉机关指控有据，罪名成立，本院予以支持。在共同犯罪中，各共同犯罪人虽无共谋、各自分工不同，但彼此关联、相互配合，结成一个有机的犯罪行为整体，其行为均与犯罪结果之间存在因果关系，三被告人在本案中作用相当，不宜划分主从。故对颜某 2 的辩护人提出颜某 2 属于从犯的辩护意见，本院不予采纳。对三被告人的辩护人均提出被告人系初犯、认罪态度好、能如实供述犯罪事实，认罪、悔罪的辩护意见，与本院查明的事实相符，本院予以采纳。被告人魏某 12 015 年因犯非法经营罪，被判处有期徒刑二年三个月，刑满释放后五年内又犯

可能判处有期徒刑以上刑罚，是累犯，依法应从重处罚。综合被告人颜某 1、颜某 2、魏某 1 的犯罪事实、情节、社会危害程度及认罪、悔罪表现，本院决定对三被告人从轻处罚。依照《中华人民共和国刑法》第二百八十三条第一款、第二十五条、第六十五条、第六十七条第三款、第四十七条、第五十二条、第六十四条之规定，作出判决。

【裁判结果】

一、被告人颜某 1 犯非法销售窃听、窃照专用器材罪，判处有期徒刑九个月，并处罚金人民币五千元。（刑期从判决执行之日起计算。判决执行以前先行羁押的，羁押一日折抵刑期一日。即自 2019 年 3 月 11 日起至 2019 年 12 月 10 日止。罚金已缴纳。）二、被告人颜某 2 犯非法销售窃听、窃照专用器材罪，判处有期徒刑九个月，并处罚金人民币五千元。（刑期从判决执行之日起计算。判决执行以前先行羁押的，羁押一日折抵刑期一日。即自 2019 年 3 月 11 日起至 2019 年 12 月 10 日止。罚金已缴纳。）三、被告人魏某 1 犯非法销售窃听、窃照专用器材罪，判处有期徒刑十个月，并处罚金人民币五千元。（刑期从判决执行之日起计算。判决执行以前先行羁押的，羁押一日折抵刑期一日。即自 2019 年 4 月 3 日起至 2020 年 2 月 2 日止。罚金已缴纳。）四、对依法扣押的 6 件窃听、窃照专用器材、疑似改装材料及工具，依法予以没收。

案例十一　吕志伟、邓启会、吕通非法生产间谍专用器材罪再审刑事裁定书

【裁判理由】

四川省自贡市中级人民法院
（2017）川 03 刑再 1 号

本院认为，根据本案所指控犯罪发生时施行的《中华人民共和国刑法》第二百八十三条“非法生产、销售窃听、窃照等专用间谍器材的，处三年以下有期徒刑、拘役或管制”之规定，三上诉人（原审被告人）吕志伟、邓启会、吕通以牟利为目的，非法生产、销售窃听、窃照等专用间谍器材，其行为均构成非法生产、销售间谍专用器材罪。上诉人吕志伟在共同犯罪中起主要作用，系主犯，上诉人邓启会、吕通在共同犯罪中起次要作用，系从犯，依法应当从轻处罚。关于三上诉人提出本案鉴定机构及鉴定人不具备对间谍专用器材进行鉴定的合法资质、鉴定人未在鉴定书上签字、鉴定结论与待证事实无关联的意见，经查，根据四川省国家安全厅川国安十七〔2016〕44 号《关于对四川省特种器材技术鉴定中心及工作人员从事窃听窃照专用器材鉴定书效力确定的函》，2011 年四川省特种器材技术鉴定中心成立后，出具的与窃听窃照专用器材鉴定工作相关的文书和函，均属于技术认定，具有认定性结论的效力。鉴定人李凝在（2013）自刑一终字第 5 号、（2016）川 0304 刑再 1 号案庭审中均出庭证

明该鉴定是国家安全部授权的技术鉴定，审批表格由上级下发，内部保存的审批上有鉴定人和审批人的签字，故应认定本案鉴定机构及鉴定人具有鉴定资质。根据《中华人民共和国国家安全法实施细则》第二十条“《国家安全法》第二十一条所称‘专用间谍器材’是指进行间谍活动特殊需要的下列器材：（一）暗藏式窃听、窃照器材；……（四）其他专用间谍器材”，暗藏式窃听、窃照器材属于该条关于专用间谍器材范围列举规定的第一项。本案鉴定结论证明涉案微型耳机系以隐藏方式使用的窃听、窃照专用器材；同时，鉴定人李凝在（2013）自刑一终字第5号、（2016）川0304刑再1号案庭审中均出庭证明暗藏式与隐藏式没有区别，只是文字表述不同。故应认定涉案微型耳机即为暗藏式窃听、窃照专用器材，属于间谍专用器材。综上，本案鉴定机构及鉴定人具有合法鉴定资质，鉴定结论具有法律效力，可以作为定案的证据。三上诉人的上述辩护意见本院不予采纳。关于三上诉人提出送鉴耳机来源不明、郭垒被免于起诉其证言系伪证、辨认程序不合法的意见，经查，本案鉴定结果形成之后，公安机关及时告之三上诉人，且随后对三上诉人分别进行讯问时，出示了从郭垒处扣押并送往四川省特种器材技术鉴定中心鉴定的耳机样品，三人均确认是其生产的耳机，可证明三上诉人对检材的确认。公安机关讯问过程中让三上诉人确认检材耳机样品是否系其生产，并无不当。郭垒在公安机关对其讯问中的相关供述也印证了其从四川自贡邓启会处购买了耳机的事实，而郭垒被免于起诉与三上诉人是否构成犯罪无关，其讯问笔录系公安机关依法取得，应予采信。故三上诉人的上述辩护意见本院不予采纳。关于三上诉人提出《大安区维升视听电子厂营业执照》明确标有生产微型耳机，故三上诉人生产的微型耳机属合法产品的意见，经查，《大安区维升视听电子厂营业执照》注册日期为 2013 年 9 月，而三上诉人非法生产、销售窃听、窃照等专用间谍器材的行为发生于 2010 至 2012 年，且生产、销售窃听、窃照等专用间谍器材需经国家相关部门批准后方可进行。故三上诉人的上述辩护意见本院不予采纳。

案例十二　唐海兰、宋鸽赌博及非法生产、销售间谍专用器材二审刑事判决书

【裁判理由】

河南省许昌市中级人民法院
（2016）豫 10 刑终 114 号

本院认为：原审被告人魏淑萍、韩秋霞、杨许平、倘伟伟、刘茜、孙宝玲以营利为目的，聚众赌博，原审被告人魏淑萍、唐海兰、郭翠云明知他人赌博，仍为其提供资金帮助，原审被告人韩秋霞、杨许平、倘伟伟、刘茜、王梅玲、张惠珍、徐宝凤、靳爱民、宋鸽、靳淑梅、李玉勤以营利为目的，长期参与赌博，赌资数额巨大、以赌为业，上述十五名原审被告人的行为均已构成赌博罪；原审被告人张强盛、张三伟、

徐永为非法销售间谍专用器材、窃听、窃照专用器材，其行为均已构成非法销售间谍专用器材、窃听、窃照专用器材罪。关于上诉人（原审被告人）唐海兰及其辩护人诉称原判认定的倘伟伟因赌博输钱向唐海兰所借50万元为赌资的证据不足的理由与二审查明的情况不符，不予采纳；其又称原判认定的被告人杨许平因赌博输钱向唐海兰所借100万元为赌资的证据不足的理由与二审查明的情况相符，该上诉理由予以采纳。关于宋鸽及其辩护人诉称，其有自首情节的理由，经查，原判对其自首情节已予认定。其又称有中止情节的理由，经查，宋鸽的犯罪行为和犯罪过程并不符合犯罪中止的法律规定，该上诉理由不成立，不予采纳。鉴于宋鸽在二审期间有立功表现，认罪悔罪，综合考虑其有自首和立功的情节，对宋鸽的量刑应予改变。原判除对唐海兰100万元认定为赌资有误外，其余部分均认定事实清楚，证据确实充分，定性准确，依照《中华人民共和国刑事诉讼法》第二百二十五条第一款第（一）项、第（三）项及《中华人民共和国刑法》第三百零一条第一款、第六十七条、第六十八条以及《最高人民法院、最高人民检察院关于办理赌博刑事案件具体应用法律若干问题的解释》第四条的规定，经本院审判委员会研究决定，作出判决。

【裁判结果】

一、维持原判决第一项、第二项、第四项、第五项、第六项、第七项、第八项、第九项、第十项、第十一项、第十二项、第十四项、第十五项、第十六项、第十七项、第十八项中对各被告人的定罪量刑部分以及第三项中对唐海兰的定罪部分和第十三项中对宋鸽的定罪部分和第十九项中除对冻结的唐海兰赌资 162 万元予以没收的其他内容。二、撤销原判第三项中对唐海兰的量刑部分和第十三项中对宋鸽的量刑部分和第十九项中对冻结唐海兰赌资 162 万元中予以没收的部分。三、上诉人（原审被告人）唐海兰犯赌博罪，判处有期徒刑六个月，罚金 20000 万元。(刑期自判决执行之日起计算，判决执行以前先行羁押的，羁押一日，折抵刑期一日，即自 2013 年 8 月 8 日起至 2014 年 2 月 7 日止。罚金于判决生效后十日内一次性缴纳)。四、上诉人（原审被告人）宋鸽犯赌博罪，免于刑事处罚。五、对本案所冻结唐海兰的 162 万元中 53 万元赌资予以没收，其余的 109 万元于本判决生效后由冻结单位返还给上诉人唐海兰。

案例十三　叶根良间谍罪一案刑事裁定书

【裁判理由】

湖北省高级人民法院
（2016）鄂刑更 1494 号

本院认为，罪犯叶根良能认罪悔罪；认真遵守法律法规及监规，接受教育改造；积极参加思想、文化、职业技术教育；积极参加劳动，完成生产任务，确有悔改表现。且减刑起始期已经过一年六个月以上，依法可以减刑。该犯在考核期内获得 2 个季度表扬，1 个季度记功，1 个监狱改造积极分子，共计折合 5.5

个表扬，财产刑已全部执行，执行机关建议将其刑罚减去有期徒刑八个月，剥夺政治权利三年不变。经审查，执行机关报请的减刑幅度适当。据此，依照《中华人民共和国刑法》第七十八条第一款、第七十九条，2012年《最高人民法院关于办理减刑、假释案件具体应用法律若干问题的规定》第一条、第二条、第五条、第六条，《中华人民共和国刑事诉讼法》第二百六十二条第二款，《最高人民法院关于适用〈中华人民共和国刑事诉讼法〉的解释》第四百四十九条第一款第（三）项、第四百五十三条，《最高人民法院关于减刑、假释案件审理程序的规定》第十六条第一款第（一）项之规定，作出裁定。

【裁判结果】

将罪犯叶根良的主刑减去有期徒刑八个月（刑期至2025年4月5日止），剥夺政治权利三年不变。

案例十四　修向丽非法生产、销售间谍专用器材一案一审刑事判决书

哈尔滨市南岗区人民法院
（2015）南刑初字第997号

【裁判理由】

本院认为，被告人修某某非法销售窃听、窃照专用间谍器材，其行为已构成非法销售间谍专用器材罪，公诉机关指控罪名成立，应予

惩处。鉴于修某某认罪、悔罪，可酌情对其从轻处罚，依照《中华人民共和国刑法》第二百八十三条、第六十四条、第七十二条、第七十三之规定，作出判决。

【裁判结果】

被告人修某某犯非法销售间谍专用器材罪，判处有期徒刑六个月，缓刑一年（缓刑考验期从本判决确定之日起开始计算）。非法销售的专用间谍器材由公安机关予以没收。如不服本判决，可在接到判决书的第二日起十日内，通过本院或者直接向黑龙江省哈尔滨市中级人民法院提出上诉。书面上诉的，应交上诉状正本一份，副本二份。

案例十五　陈某某非法生产、销售间谍器材二审刑事裁定书

【裁判理由】

安徽省淮南市中级人民法院
（2014）淮刑终字第 00079 号

本院认为：上诉人陈某某未经批准擅自经营间谍专用器材和向没有法定使用许可手续的单位和个人出售间谍专用器材，其行为已构成非法生产、销售间谍专用器材罪。陈某某认罪态度较好，主动退回了非法所得，可酌情予以从轻处罚。原判认定事实清楚，适用法律正确，量刑适当。审判程序合法。上诉人陈某某申请撤回上诉符合法律规定，依法应当准许。

案例十六 蔡义贤非法生产、销售专用间谍器材、窃听、窃照专用器材罪一审刑事判决书

【裁判理由】

本院认为，被告人蔡义贤通过网络平台非法销售窃听、窃照专用器材，其行为已构成非法销售窃听、窃照专用器材罪。公诉机关指控罪名成立。被告人蔡义贤自侦查阶段自愿认罪认罚，本院酌情予以从宽处罚。公诉机关量刑建议适当，应予采纳。据此，依照《中华人民共和国刑法》第二百八十三条第一款、第六十七条第三款、第七十二条第一、三款、第七十三条第二、三款、第五十二条、第五十三条、第六十四条之规定，作出判决。

建德市人民法院（2020）浙 0182 刑初 259 号

【裁判结果】

被告人蔡义贤犯非法销售窃听、窃照专用器材罪，判处有期徒刑六个月，缓刑一年，并处罚金人民币 5000 元（缓刑考验期限从判决确定之日起计算；罚金限判决生效后十日内缴纳）。退至建德市人民检察院的人民币 40000 元，其中 39591.74 元予以追缴，上缴国库，余款发还给被告人蔡义贤。扣押在案的窃听、窃照设备予以没收。

案例十七　刘旭、吴平非法生产、销售专用间谍器材、窃听、窃照专用器材罪一审刑事判决书

【裁判理由】

台州市黄岩区人民法院
（2020）浙 1003 刑初 275 号

本院认为，被告人刘旭非法生产并向他人销售窃照专用器材，其行为已构成非法生产、销售窃照专用器材罪，被告人吴平非法销售窃照专用器材，其行为已构成非法销售窃照专用器材罪，依法均应予惩处。公诉机关指控二被告人的罪名成立。被告人刘旭曾因盗窃被行政处罚，现又犯非法生产、销售窃照专用器材罪，酌情予以从重处罚。被告人刘旭有自首情节，并自愿认罪认罚，认罪态度较好，依法予以从轻处罚。被告人吴平的辩护人提出该被告人归案后如实供述犯罪事实，并自愿认罪认罚，认罪态度较好等辩护意见。经查，与本案事实及相关法律规定基本相符，本院予以采纳，依法对被告人吴平予以从轻处罚。公诉机关的量刑建议适当，予以采纳。二被告人的违法所得及犯罪使用的工具，依法均予以追缴或没收，上缴国库。根据二被告人犯罪的事实、犯罪的性质、情节和对于社会的危害程度，依照《中华人民共和国刑法》第二百八十三条第一款、第六十七条第一款和第三款、第六十四条及《中华人民共和国刑事诉讼法》第十五条之规定，作出判决。

【裁判结果】

一、被告人刘旭犯非法生产、销售窃照专用器材罪，判处有期徒刑一年二个月，并处罚金人民币三万元。（刑期从判决执行之日起计算；判决执行以前先行羁押的，羁押一日折抵刑期一日。即刑期自2020年6月12日起至2021年8月11日止。罚金限在判决生效后的一个月内缴清）。二、被告人吴平犯非法销售窃照专用器材罪，判处有期徒刑八个月，并处罚金人民币一万元。（刑期从判决执行之日起计算；判决执行以前先行羁押的，羁押一日折抵刑期一日。即刑期自2020年6月12日起至2021年1月5日止。罚金限在判决生效后的一个月内缴清）。三、追缴被告人刘旭的违法所得人民币三万元、吴平的违法所得人民币一万元，上缴国库。四、扣押在案的作案工具，均予以没收，上缴国库。

案例十八　胡某非法生产、销售间谍专用器材一审刑事判决书

【裁判理由】

崇阳县人民法院（2016）鄂1223刑初277号

本院认为，被告人胡某以非法牟利为目的，非法销售间谍专用器材，其行为已构成非法销售间谍专用器材罪，公诉机关指控的罪名成立，应追究其刑事责任。关于辩护人提出被告

人有立功表现，属立功的意见与事实不符，不予采信。关于被告人认罪态度好，无前科，系初犯的意见予以采纳，且上缴违法所得 20 万元，确有悔罪表现，综合全案事实，依法予以从轻处罚。依照《中华人民共和国刑法》第二百八十三条、第六十七条第三款、第七十二条第一款、第七十三条、第六十四条之规定，作出判决。

【裁判结果】

一、被告人胡某犯非法销售间谍专用器材罪，判处有期徒刑一年，缓刑二年；缓刑考验期自判决确定之日起计算。二、被告人胡某违法所得 20 万元予以追缴；三、公安机关扣押的接收器、发射器、天线等依法予以没收。

附录二

关于《中华人民共和国反间谍法（修订草案）》的说明

——2022 年 8 月 30 日在第十三届全国人民代表大会常务委员会第三十六次会议上

全国人大监察和司法委员会主任委员　吴玉良

全国人民代表大会常务委员会：

我受全国人大监察和司法委员会委托，作关于《中华人民共和国反间谍法（修订草案）》的说明。

反间谍斗争本质上是反渗透、反颠覆斗争，事关国家安全。以习近平同志为核心的党中央高度重视反间谍工作，对进一步加强新时代反间谍斗争提出明确要求。

现行反间谍法制定于 2014 年，作为新中国第一部规范和保障反间谍斗争的专门法律，发挥了重要作用。但当前反间谍斗争形势较为严峻，各类间谍情报活动的主体更加复杂、领域更加广泛、目标更加多元、手法更加隐蔽。现行反间谍法已经不能适应新形势下落实总体国家安全观和反间谍斗争实践需要，亟需修改完善。

一、草案起草过程和总体思路

2021 年，全国人大监察和司法委员会就反间谍法实施情况开展专题调研，提出立法建议，推动将修改反间谍法列入全国人大常委会 2022 年度立法工作计划。2021 年 12 月至 2022 年 1 月，全国人大监察和司法委员会会同七部门组建工作专班负责起草工作，广泛听取部门、地方和专家学者的意见建议，形成了《中华人民共和国反间谍法（修订草案）》。

修改反间谍法遵循以下思路和原则：

一是全面贯彻习近平法治思想和总体国家安全观。以习近平新时代中国特色社会主义思想为指导，将党中央对反间谍工作的重大决策部署转化为国家意志，更好维护国家安全。

二是坚持问题导向。聚焦现行反间谍法实施中存在的“间谍行为”概念不清晰、安全防范制度不健全、行政执法赋权不足等重点、难点问题，完善相关法律规定。

三是兼顾赋权与限权，加强对行使公权力的监督制约。

四是注重系统观念。立足我国反间谍工作实践，借鉴国外立法经验，加强相关法律衔接，健全完善中国特色反间谍法律制度。

二、修改的主要内容

本次反间谍法修改，在现行法律 5 章 40 条的基础上，新增 28 条，修订或拆分 37 条，修订后为 6 章 68 条。主要修改内容包括：

（一）进一步强化党中央对反间谍工作的领导

草案明确规定党中央对反间谍工作的集中统一领导，新增“坚持总体国家安全观”的指导思想和“标本兼治”的基本原则；建立健全国家层面的反间谍工作协调机制；科学界定“间谍行为”；加强对国家安全机关工作人员的政治教育培训（修订草案第二条、第四条、第六条、第四十七条）。

（二）完善反间谍安全防范规定

草案新增“安全防范”一章，明确了反间谍安全防范责任主体；各级人民政府和有关部门组织开展反间谍宣传教育的主体责任；重点单位、重点领域的安全防范责任和涉及国家安全事项的建设项目许可制度等（修订草案第二章）。

（三）增加反间谍行政执法职权

草案完善反间谍调查措施，增加查阅调取数据、传唤、财产信息查询、检查、不准出入境等行政执法职权（修订草案第二十六条至第二十九条、第三十二条、第三十三条）。

（四）加强反间谍工作保障

草案专设“工作保障”一章，增加与有关个人和组织建立合作关系，对相关人员予以保护、营救、补偿、安置、抚恤优待等规定，明确专业队伍建设相关要求（修订草案第四十三条至第四十七条）。

（五）完善反间谍工作行政处罚种类和处理手段

草案规定通报批评、罚款、暂扣或者吊销许可证件等处罚种类，完善行政拘留适用情形（修订草案第五十一条、第五十三条至第五十五条、第五十七条）。

（六）加强对反间谍工作的监督

草案明确国家安全机关执法规范要求，严格审批程序，建立健全内部监督和安全审查制度，完善当事人的救济权利(修订草案第二十二条、第二十六条、第二十八条、第二十九条、第三十一条、第四十八条、第六十四条)。

此外，草案还对部分条款及文字作了调整修改。

《中华人民共和国反间谍法（修订草案）》和以上说明是否妥当，请审议。

全国人民代表大会宪法和法律委员会关于《中华人民共和国反间谍法（修订草案）》修改情况的汇报

全国人民代表大会常务委员会：

常委会第三十六次会议对反间谍法修订草案进行了初次审议。会后，法制工作委员会将修订草案印发部分省（区、市）人大常委会、中央有关部门等征求意见。宪法和法律委员会、法制工作委员会深入学习贯彻党的二十大精神，就一些重要问题与中央国安办和中央有关部门多次沟通研究，到北京等地调研，召开座谈会听取中央有关部门、反间谍工作一线单位和部分企业的意见。宪法和法律委员会于 11 月 30 日召开会议，根据常委会组成人员的审议意见和各方面的意见，对修订草案进行了逐条审议。全国人大监察司法委、国家安全部有关负责同志列席了会议。现将反间谍法修订草案主要问题修改情况汇报如下：

一、有的常委会组成人员、地方、部门建议加强反间谍宣传教育，提高全民反间谍意识，积极发挥国家安全人民防线的作用。宪法和法律委员会经研究，建议作出以下修改：一是在立法指导思想和基本原则中增加规定“筑牢国家安全人民防线”；二是增加规定新闻媒体等单位应当面向社会开展反间谍宣传教育，增强全民国家安全素养；三是明确重点单位应当加强对涉密人员的反间谍安全防范教育。

二、修订草案第四条规定了间谍行为的定义。有的常委委员、地方提出，帮助实施间谍行为具有一定的社会危害性，需要依法惩处，但性质应区别于直接实施间谍行为；有的常委委员、地方、部门提出，网络窃密、攻击、破坏是间谍行为新形态，建议增加有关网络间谍的规定。宪法和法律委员会经研究，建议作出以下修改：一是将帮助实施间谍行为在法律责任中明确予以处罚。二是将为间谍组织及其代理人提供针对关键信息基础设施的网络安全漏洞等信息的行为规定为间谍行为。

三、有的常委会组成人员、地方、部门建议进一步加大对反间谍工作的支持力度。宪法和法律委员会经研究，建议增加以下规定：一是对在反间谍工作中作出重大贡献的个人和组织按照国家有关规定给予表彰和奖励；二是重点单位应当加强对涉密事项、场所、载体等的反间谍物理防范措施；三是鼓励反间谍领域科技创新，发挥科技在反间谍工作中的作用；四是明确国家安全机关应当加强反间谍工作的人才队伍建设和专业训练。

四、有的常委委员、地方、部门建议处理好开展反间谍工作与保护个人、组织合法权益之间的关系，加强对国家安全机关反间谍工作的监督。宪法和法律委员会经研究，建议作出以下修改：一是将第四章章名修改为“保障与监督”；二是明确国家安全机关查阅调取、查封扣押冻结不能超出执行任务的范围和限度；三是明确国家安全机关对人身、物品、场所进行检查、决定不准出境等的批准层级。

五、有的地方、部门建议做好修订草案与出境入境管理法、刑事诉讼法等相关法律的衔接，增强法律的可操作性。宪法和法律委员会经研究，建议作出以下修改：一是增加规定国家安全机关对相关人员决定不准出入境和撤销决定应及时通知移民管理机构；二是增加行刑衔接的规定。

此外，还对修订草案作了一些文字修改。

修订草案二次审议稿已按上述意见作了修改，宪法和法律委员会建议提请本次常委会会议继续审议。

修订草案二次审议稿和以上汇报是否妥当，请审议。

全国人民代表大会宪法和法律委员会

2022 年 12 月 27 日

全国人民代表大会宪法和法律委员会关于《中华人民共和国反间谍法（修订草案）》审议结果的报告

全国人民代表大会常务委员会：

反间谍工作本质上是反渗透、反颠覆、反窃密斗争，是国家安全重要领域。以习近平同志为核心的党中央高度重视反间谍工作，对加强反间谍工作提出了明确要求。2014 年施行的反间谍法是我国贯彻落实总体国家安全观的第一部重要法律，也是规范和保障反间谍斗争的专门法律，为维护国家安全发挥了重要作用。当前反间谍斗争形势较为严峻，传统安全威胁与非传统安全威胁相互交织，各类间谍情报活动的主体更加复杂、领域更加广泛、目标更加多元、手法更加隐蔽。在总体国家安全观的指导下，需要修改完善反间谍法以适应新时代反间谍斗争需要。2022 年 8 月，反间谍法修订草案由全国人大监察和司法委员会提请第十三届全国人大常委会第三十六次会议初次审议；同年 12 月，第十三届全国人大常委会第三十八次会议对修订草案进行了二次审议。第十三届全国人大宪法和法律委员会、常委会法制工作委员会深入学习贯彻党的二十大精神，就一些重要问题与中央国安办和中央有关部门多次沟通研究，通过多种形式征求意见，将修订草案印发多个省（区、市）人大常委会、立法联系点及中央有关部门等征求意见；在中国人大网全文公布修订草案二次审议稿，公开征求社会公众意见；通过召开座谈会等方式，听取部分全国人大代表、反间谍工作基层执法部门、企业和相关专家学者等各方面的意见。

在修订草案审议和修改过程中，注重把握以下几点：一是全面贯彻习近平法治思想和总体国家安全观，将党中央对反间谍工作的重大决策部署转化为国家意志，更好地维护国家安全。二是坚持问题导向，聚焦现行反间谍法实施中存在的间谍行为范围较窄、安全防范制度不健全、行政执法赋权不足等重点难点问题，完善相关法律规定。三是妥善处理赋权与限权的关系，加强反间谍工作，同时注重对行使公权力的监督制约。四是坚持系统观念，立足我国反间谍工作实践，做好相关法律衔接，健全完善中国特色反间谍法律制度。

经过两次审议后的修订草案主要内容包括：一是贯彻落实党的二十大精神，进一步加强党中央对反间谍工作的集中统一领导，在总则部分增加“坚持总体国家安全观”的指导思想和“标本兼治，筑牢国家安全人民防线”的基本原则；建立健全国家层面的反间谍工作协调机制。二是完善间谍行为的定义，增加网络间谍、投靠间谍组织及其代理人、针对第三国的间谍行为；适度扩大相关主体窃密的对象范围。三是完善安全防范规定，明确国家机关、社会组织等反间谍安全防范的主体责任，有关方面开展反间谍宣传教育的职责；明确重点单位的安全防范责任和涉及国家安全事项的建设项目许可制度等。四是完善反间谍调查措施，增加查阅调取数据、传唤、财产信息查询、不准出入境等行政执法职权；明确国家安全机关执法规范要求，严格审批程序；增加对发现的网络安全风险等的处置措施；增加对国家秘密、情报的鉴定评估机制；增加行刑衔接的规定。五是加强对反间谍工作的保障与监督，增加对相关人员予以保护、营救、补偿、安置、抚恤优待、培训等规定；增加规定鼓励反间谍领域科技创新，发挥科技在反间谍工作中的作用；明确国家安全机关应当严格执行内部监督和安全审查制度。六是完善法律责任，扩大行政处罚的适用情形，对涉及间谍行为的轻微违法行为明确规定罚款、拘留等行政处罚；增加约谈、通报批评、暂扣或者吊销许可证件等处罚种类；做好与相关法律的衔接。

本届以来，全国人大宪法和法律委员会、常委会法制工作委员会就修订草案的有关问题多次召开座谈会，进行实地调研，进一步听取有关方面意见。宪法和法律委员会于 4 月 13 日召开会议，根据常委会组成人员审议意见和各方面的意见，对修订草案进行了逐条审议。中央国安办、全国人大监察司法委、国家安全部有关负责同志列席了会议。4 月 17 日，宪法和法律委员会召开会议，再次进行了审议。宪法和法律委员会认为，修订草案经过两次审议修改，已经比较成熟。同时，提出以下主要修改意见：

一、修订草案二次审议稿第四条第一款第四项规定，为间谍组织及其代理人提供关键信息基础设施的网络安全漏洞等信息是间谍行为。有些常委会组成人员、地方、部门、专家学者和社会公众建议进一步完善关于网络间谍的规定，明确网络间谍的行为方式。宪法和法律委员会经研究，建议将该项修改为：间谍组织及其代理人实施或者指使、资助他人实施，或者境内外机构、组织、个人与其相勾结实施针对国家机关、涉密单位或者关键信息基础设施等的网络攻击、侵入、干扰、控制、破坏等活动。

二、有的常委会组成人员、地方、部门建议加强国家安全机关对反间谍宣传教育活动的协调指导。宪法和法律委员会经研究，建议增加规定国家安全机关应当根据反间谍安全防范形势，指导有关单位开展反间谍宣传教育活动，提高防范意识和能力。

三、有的常委委员、地方、全国人大代表建议进一步平衡反间谍工作与保障个人、组织合法权益之间的关系，完善反间谍调查措施的适用条件，加强执法规范化，明确执法程序。宪法和法律委员会经研究，建议作出以下修改：一是将第三章章名“调查处理”修改为“调查处置”；二是明确国家安全机关工作人员只能在依法执行反间谍工作任务时，才能适用查验、查阅、调取等措施，避免权力滥用；三是完善国家安全机关发现涉及间谍行为的网络信息内容或者网络攻击等风险的处置程序，增加规定经采取相关措施，涉及间谍行为的网络信息内容或者网络攻击等风险已经消除的，有关部门应当及时作出恢复相关传输和服务的决定。

四、有的地方、部门、专家学者和社会公众建议适当调整对于轻微间谍违法行为等的罚款数额。宪法和法律委员会经研究，建议采纳上述意见，体现过罚相当。

此外，还对修订草案二次审议稿作了一些文字修改。

4月10日，法制工作委员会召开会议，邀请全国人大代表、反间谍工作基层执法部门、企业和相关专家学者等就修订草案主要制度规范的可行性、出台时机、实施的社会效果和可能出现的问题等进行评估。与会人员一致认为，修订草案贯彻落实党的二十大精神，体现总体国家安全观的要求，适应新时代反间谍斗争需要，坚持问题导向，内容全面、结构科学、措施有力、体系完备，具有较强的针对性、可操作性和前瞻性。修订草案充分吸收了各方面意见，已经比较成熟，建议尽快出台修订后的反间谍法。与会人员还对修订草案提出了一些具体修改意见，宪法和法律委员会进行了认真研究，对有的意见予以采纳。

修订草案三次审议稿已按上述意见作了修改，宪法和法律委员会建议提请本次常委会会议审议通过。

修订草案三次审议稿和以上报告是否妥当，请审议。

全国人民代表大会宪法和法律委员会

2023年4月24日

全国人民代表大会宪法和法律委员会关于《中华人民共和国反间谍法（修订草案三次审议稿）》修改意见的报告

全国人民代表大会常务委员会：

本次常委会会议于4月24日下午对反间谍法修订草案三次审议稿进行了分组审议。普遍认为，修订草案已经比较成熟，赞成进一步修改后，提请本次常委会会议表决通过。同时，有些常委会组成人员和列席人员还提出了一些修改意见和建议。宪法和法律委员会于4月24日晚召开会议，逐条研究了常委会组成人员和列席人员的审议意见，对修订草案进行了审议。中央国安办、全国人大监察司法委、国家安全部有关负责同志列席了会议。宪法和法律委员会认为，修订草案是可行的，同时，提出以下修改意见：

一、修订草案三次审议稿第二十条规定，反间谍安全防范重点单位应当按照国家安全机关的要求和相关标准，加强反间谍技术防范。有的常委委员建议进一步明确国家安全机关的技术防范标准，避免与国家保密部门的相关防范标准出现冲突或者重复。宪法和法律委员会经研究，建议将“国家安全机关要求和相关标准”修改为“反间谍技术防范的要求和标准”。

二、有些常委委员提出，修订草案三次审议稿第二十二条属于保障措施、第四十一条属于调查措施，建议作出调整。宪法和法律委员会经研究，建议将第二十二条调整至第四章“保障与监督”，第四十一条调整至第三章“调查处置”，同时对相关条文内容的表述作了完善，对条文顺序作了调整。

三、修订草案三次审议稿第四十五条规定，国家安全机关可以提请海关、移民管理等检查机关提供免检、简化程序等便利。有的列席人员建议对上述规定作进一步明确。宪法和法律委员会经研究，建议将检查机关“提供免检、简化程序等便利”修改为检查机关“对有关人员提供通关便利，对有关资料、器材等予以免检”。

四、修订草案三次审议稿第六十六条规定了限期出境、驱逐出境的措施。有的常委委员提出，限期出境与驱逐出境是不同措施，建议分别作出规定。宪法和法律委员会经研究，建议采纳上述意见，分款对限期出境、驱逐出境作出规定。

经与有关部门研究，建议将修订后的反间谍法的施行时间确定为2023年7月1日。

此外，根据常委会组成人员的审议意见，还对修订草案三次审议稿作了一些文字修改。

修订草案修改稿已按上述意见作了修改，宪法和法律委员会建议本次常委会会议审议通过。

修订草案修改稿和以上报告是否妥当，请审议。

全国人民代表大会宪法和法律委员会

2023 年 4 月 25 日

附录三

《中华人民共和国反间谍法》新旧条文对照表[①]

2014 年《反间谍法》	2023 年《反间谍法》
第一章　总　　则	第一章　总　　则
第一条　为了防范、制止和惩治间谍行为，维护国家安全，根据宪法，制定本法。	第一条　为了**加强反间谍工作**，防范、制止和惩治间谍行为，维护国家安全，**保护人民利益**，根据宪法，制定本法。
第二条　反间谍工作坚持中央统一领导，坚持公开工作与秘密工作相结合、专门工作与群众路线相结合、积极防御、依法惩治~~的原则~~。	第二条　反间谍工作坚持**党**中央**集中**统一领导，**坚持总体国家安全观**，坚持公开工作与秘密工作相结合、专门工作与群众路线相结合，**坚持**积极防御、依法惩治、**标本兼治，筑牢国家安全人民防线**。
第**五**条　反间谍工作应当依法进行，尊重和保障人权，保障**公民**和组织的合法权益。	第**三**条　反间谍工作应当依法进行，尊重和保障人权，保障**个人**和组织的合法权益。

① 编者对新旧条文有重要变化的部分，用“**黑体**”字体现；对旧法中被删除的主要内容，用~~删除线~~体现。

续表

2014 年《反间谍法》	2023 年《反间谍法》
第三十八条　本法所称间谍行为，是指下列行为： （一）间谍组织及其代理人实施或者指使、资助他人实施，或者境内外机构、组织、个人与其相勾结实施的危害中华人民共和国国家安全的活动； （二）参加间谍组织或者接受间谍组织及其代理人的任务的； （三）间谍组织及其代理人以外的其他境外机构、组织、个人实施或者指使、资助他人实施，或者境内机构、组织、个人与其相勾结实施的窃取、刺探、收买**或者**非法提供国家秘密**或者**情报，或者策动、引诱、收买国家工作人员叛变的活动； （四）为敌人指示攻击目标的； （五）进行其他间谍活动的。	**第四条**　本法所称间谍行为，是指下列行为： （一）间谍组织及其代理人实施或者指使、资助他人实施，或者境内外机构、组织、个人与其相勾结实施的危害中华人民共和国国家安全的活动； （二）参加间谍组织或者接受间谍组织及其代理人的任务，**或者投靠间谍组织及其代理人**； （三）间谍组织及其代理人以外的其他境外机构、组织、个人实施或者指使、资助他人实施，或者境内机构、组织、个人与其相勾结实施的窃取、刺探、收买、非法提供国家秘密、情报**以及其他关系国家安全和利益的文件、数据、资料、物品**，或者策动、引诱、**胁迫**、收买国家工作人员叛变的活动； **（四）间谍组织及其代理人实施或者指使、资助他人实施，或者境内外机构、组织、个人与其相勾结实施针对国家机关、涉密单位或者关键信息基础设施等的网络攻击、侵入、干扰、控制、破坏等活动；** （五）为敌人指示攻击目标； （六）进行其他间谍活动。 **间谍组织及其代理人在中华人**

续表

2014 年《反间谍法》	2023 年《反间谍法》
	民共和国领域内，或者利用中华人民共和国的公民、组织或者其他条件，从事针对第三国的间谍活动，危害中华人民共和国国家安全的，适用本法。
	第五条　国家建立反间谍工作协调机制，统筹协调反间谍工作中的重大事项，研究、解决反间谍工作中的重大问题。
第**三**条　国家安全机关是反间谍工作的主管机关。 公安、保密~~行政管理~~等~~其他~~有关部门和军队有关部门按照职责分工，密切配合，加强协调，依法做好有关工作。	第**六**条　国家安全机关是反间谍工作的主管机关。 公安、保密等有关部门和军队有关部门按照职责分工，密切配合，加强协调，依法做好有关工作。
第**四**条　中华人民共和国公民有维护国家的安全、荣誉和利益的义务，不得有危害国家的安全、荣誉和利益的行为。 一切国家机关和武装力量、各政党和各**社会**团体**及各**企业事业组织，都有防范、制止间谍行为，维护国家安全的义务。 国家安全机关在反间谍工作中必须依靠人民的支持，动员、组织人民防范、制止~~危害国家安全的~~间谍行为。	第**七**条　中华人民共和国公民有维护国家的安全、荣誉和利益的义务，不得有危害国家的安全、荣誉和利益的行为。 一切国家机关和武装力量、各政党和各**人民**团体、企业事业组织**和其他社会组织**，都有防范、制止间谍行为，维护国家安全的义务。 国家安全机关在反间谍工作中必须依靠人民的支持，动员、组织人民防范、制止间谍行为。

续表

2014 年《反间谍法》	2023 年《反间谍法》
第二十三条　任何公民和组织都应当保守所知悉的~~有关~~**反间谍工作的国家秘密**。	第八条　任何公民和组织都应当**依法支持、协助反间谍工作，**保守所知悉的**国家秘密和反间谍工作秘密**。
第七条　国家对支持、协助反间谍工作的**组织和个人**给予保护，对有重大贡献的给予奖励。	第九条　国家对支持、协助反间谍工作的**个人和组织**给予保护。 对**举报间谍行为或者在反间谍工作中做出**重大贡献的**个人和组织，按照国家有关规定**给予**表彰和**奖励。
第六条　境外机构、组织、个人实施或者指使、资助他人实施的，或者境内机构、组织、个人与境外机构、组织、个人相勾结实施的危害中华人民共和国国家安全的间谍行为，都必须受到法律追究。	第十条　境外机构、组织、个人实施或者指使、资助他人实施的，或者境内机构、组织、个人与境外机构、组织、个人相勾结实施的危害中华人民共和国国家安全的间谍行为，都必须受到法律追究。
第十七条　国家安全机关及其工作人员在工作中，应当严格依法办事，不得超越职权、滥用职权，不得侵犯**组织和个人**的合法权益。 国家安全机关及其工作人员依法履行反间谍工作职责获取的**组织和个人**的信息~~、材料~~，只能用于反间谍工作。对属于国家秘密、商业秘密和个人隐私的，应当保密。	第十一条　国家安全机关及其工作人员在工作中，应当严格依法办事，不得超越职权、滥用职权，不得侵犯**个人和组织**的合法权益。 国家安全机关及其工作人员依法履行反间谍工作职责获取的**个人和组织**的信息，只能用于反间谍工作。对属于国家秘密、**工作秘密、**商业秘密和个人隐私**、个人信息**的，应当保密。

续表

2014 年《反间谍法》	2023 年《反间谍法》
	第二章 安全防范
第十九条 机关、团体和其他组织应当对本单位的人员进行维护国家安全的教育，动员、组织本单位的人员防范、制止间谍行为。	第十二条 国家机关、人民团体、企业事业组织和其他社会组织承担本单位反间谍安全防范工作的主体责任，落实反间谍安全防范措施，对本单位的人员进行维护国家安全的教育，动员、组织本单位的人员防范、制止间谍行为。 地方各级人民政府、相关行业主管部门按照职责分工，管理本行政区域、本行业有关反间谍安全防范工作。 国家安全机关依法协调指导、监督检查反间谍安全防范工作。
	第十三条 各级人民政府和有关部门应当组织开展反间谍安全防范宣传教育，将反间谍安全防范知识纳入教育、培训、普法宣传内容，增强全民反间谍安全防范意识和国家安全素养。 新闻、广播、电视、文化、互联网信息服务等单位，应当面向社会有针对性地开展反间谍宣传教育。 国家安全机关应当根据反间谍安全防范形势，指导有关单位开展反间谍宣传教育活动，提高防范意识和能力。

续表

2014 年《反间谍法》	2023 年《反间谍法》
第二十四条　任何个人和组织都不得非法持有属于国家秘密的文件、资料和其他物品。	第十四条　任何个人和组织都不得非法**获取**、持有属于国家秘密的文件、**数据**、资料、物品。
第二十五条　任何个人和组织都不得非法持有、使用间谍活动特殊需要的专用间谍器材。专用间谍器材由国务院国家安全主管部门依照国家有关规定确认。	第十五条　任何个人和组织都不得非法**生产、销售**、持有、使用间谍活动特殊需要的专用间谍器材。专用间谍器材由国务院国家安全主管部门依照国家有关规定确认。
第二十一条　公民和组织发现间谍行为，应当及时向国家安全机关**报告**；向公安机关等其他国家机关、组织**报告**的，相关国家机关、组织应当立即移送国家安全机关处理。	第十六条　**任何**公民和组织发现间谍行为，应当及时向国家安全机关**举报**；向公安机关等其他国家机关、组织**举报**的，相关国家机关、组织应当立即移送国家安全机关处理。 **国家安全机关应当将受理举报的电话、信箱、网络平台等向社会公开，依法及时处理举报信息，并为举报人保密。**
	第十七条　**国家建立反间谍安全防范重点单位管理制度。** **反间谍安全防范重点单位应当建立反间谍安全防范工作制度，履行反间谍安全防范工作要求，明确内设职能部门和人员承担反间谍安全防范职责。**
	第十八条　**反间谍安全防范重点单位应当加强对工作人员反间谍**

续表

2014 年《反间谍法》	2023 年《反间谍法》
	安全防范的教育和管理，对离岗离职人员脱密期内履行反间谍安全防范义务的情况进行监督检查。
	第十九条　反间谍安全防范重点单位应当加强对涉密事项、场所、载体等的日常安全防范管理，采取隔离加固、封闭管理、设置警戒等反间谍物理防范措施。
	第二十条　反间谍安全防范重点单位应当按照反间谍技术防范的要求和标准，采取相应的技术措施和其他必要措施，加强对要害部门部位、网络设施、信息系统的反间谍技术防范。
	第二十一条　在重要国家机关、国防军工单位和其他重要涉密单位以及重要军事设施的周边安全控制区域内新建、改建、扩建建设项目的，由国家安全机关实施涉及国家安全事项的建设项目许可。 县级以上地方各级人民政府编制国民经济和社会发展规划、国土空间规划等有关规划，应当充分考虑国家安全因素和划定的安全控制区域，征求国家安全机关的意见。 安全控制区域的划定应当统筹发展和安全，坚持科学合理、确有必要的原则，由国家安全机关会同

续表

2014 年《反间谍法》	2023 年《反间谍法》
	发展改革、自然资源、住房城乡建设、保密、国防科技工业等部门以及军队有关部门共同划定，报省、自治区、直辖市人民政府批准并动态调整。 **涉及国家安全事项的建设项目许可的具体实施办法，由国务院国家安全主管部门会同有关部门制定。**
第十六条　国家安全机关根据反间谍工作需要，可以会同有关部门制定反间谍技术防范标准，指导有关**部门**落实反间谍技术防范措施，对存在隐患的**部门**，经过严格的批准手续，可以进行反间谍技术防范检查和检测。	第二十二条　国家安全机关根据反间谍工作需要，可以会同有关部门制定反间谍技术防范标准，指导有关**单位**落实反间谍技术防范措施，对存在隐患的**单位**，经过严格的批准手续，可以进行反间谍技术防范检查和检测。
第二章　**国家安全机关在反间谍工作中的职权**	第三章　**调查处置**
第八条　国家安全机关在反间谍工作中依法行使~~侦查、拘留、预审和执行逮捕以及~~法律规定的其他职权。	第二十三条　国家安全机关在反间谍工作中依法行使**本法和有关**法律规定的职权。
第九条　国家安全机关的工作人员依法执行任务时，依照规定出示~~相应~~证件，~~有权~~查验中国公民或者境外人员的身份证明，向有关**组织和人员**~~调查、~~**询问**有关情况。	第二十四条　国家安全机关工作人员依法执行**反间谍工作**任务时，依照规定出示**工作**证件，**可以**查验中国公民或者境外人员的身份证明，向有关**个人和组织问询**有关情况，**对身份不明、有间谍行为嫌疑的人员，可以查看其随带物品。**

续表

2014 年《反间谍法》	2023 年《反间谍法》
第十三条　国家安全机关~~因反间谍工作需要，~~可以~~依照规定~~查验有关~~组织和~~个人的电子~~通信工具、器材等~~设备、设施。查验中发现存在危害国家安全情形的，国家安全机关应当责令其整改；拒绝整改或者整改后仍**不符合要求**的，可以予以查封、扣押。 对依照前款规定查封、扣押的设备、设施，在危害国家安全的情形消除后，国家安全机关应当及时解除查封、扣押。	第二十五条　国家安全机关**工作人员依法执行反间谍工作任务时，经设区的市级以上国家安全机关负责人批准，出示工作证件，**可以查验有关个人**和组织**的电子设备、设施**及有关程序、工具**。查验中发现存在危害国家安全情形的，国家安全机关应当责令其**采取措施立即**整改。拒绝整改或者整改后仍**存在危害国家安全隐患**的，可以予以查封、扣押。 对依照前款规定查封、扣押的**电子**设备、设施**及有关程序、工具**，在危害国家安全的情形消除后，国家安全机关应当及时解除查封、扣押。
第十条　国家安全机关的工作人员依法执行任务时，~~依照规定出示相应证件，可以进入有关场所、单位；~~根据国家有关规定，经过批准，~~出示相应证件，~~可以~~进入限制进入的有关地区、场所、单位，~~查阅**或者**调取有关的~~档案、~~资料、物品。	第二十六条　国家安全机关工作人员依法执行**反间谍工作**任务时，根据国家有关规定，经**设区的市级以上国家安全机关负责人**批准，可以查阅、调取有关的**文件、数据、**资料、物品，**有关个人和组织应当予以配合。查阅、调取不得超出执行反间谍工作任务所需的范围和限度。**
	第二十七条　需要传唤违反本法的人员接受调查的，经国家安全机关办案部门负责人批准，使用传唤证传唤。对现场发现的违反本法

续表

2014 年《反间谍法》	2023 年《反间谍法》
	的人员，国家安全机关工作人员依照规定出示工作证件，可以口头传唤，但应当在询问笔录中注明。传唤的原因和依据应当告知被传唤人。对无正当理由拒不接受传唤或者逃避传唤的人，可以强制传唤。 国家安全机关应当在被传唤人所在市、县内的指定地点或者其住所进行询问。 国家安全机关对被传唤人应当及时询问查证。询问查证的时间不得超过八小时；情况复杂，可能适用行政拘留或者涉嫌犯罪的，询问查证的时间不得超过二十四小时。国家安全机关应当为被传唤人提供必要的饮食和休息时间。严禁连续传唤。 除无法通知或者可能妨碍调查的情形以外，国家安全机关应当及时将传唤的原因通知被传唤人家属。在上述情形消失后，应当立即通知被传唤人家属。
	第二十八条　国家安全机关调查间谍行为，经设区的市级以上国家安全机关负责人批准，可以依法对涉嫌间谍行为的人身、物品、场所进行检查。 检查女性身体的，应当由女性工作人员进行。

续表

2014 年《反间谍法》	2023 年《反间谍法》
	第二十九条　国家安全机关调查间谍行为，经设区的市级以上国家安全机关负责人批准，可以查询涉嫌间谍行为人员的相关财产信息。
第十五条　国家安全机关对用于间谍行为的~~工具和其他财物，以及用于资助间谍行为的资金、场所、物资~~，经设区的市级以上国家安全机关负责人批准，可以依法查封、扣押、冻结。	第三十条　国家安全机关调查间谍行为，经设区的市级以上国家安全机关负责人批准，可以对涉嫌用于间谍行为的场所、设施或者财物依法查封、扣押、冻结；不得查封、扣押、冻结与被调查的间谍行为无关的场所、设施或者财物。
	第三十一条　国家安全机关工作人员在反间谍工作中采取查阅、调取、传唤、检查、查询、查封、扣押、冻结等措施，应当由二人以上进行，依照有关规定出示工作证件及相关法律文书，并由相关人员在有关笔录等书面材料上签名、盖章。 国家安全机关工作人员进行检查、查封、扣押等重要取证工作，应当对全过程进行录音录像，留存备查。
第二十二条　在国家安全机关调查了解有关间谍行为的情况、收集有关证据时，有关组织和个人应当如实提供，不得拒绝。	第三十二条　在国家安全机关调查了解有关间谍行为的情况、收集有关证据时，有关个人和组织应当如实提供，不得拒绝。

续表

2014年《反间谍法》	2023年《反间谍法》
	第三十三条　对出境后可能对国家安全造成危害，或者对国家利益造成重大损失的中国公民，国务院国家安全主管部门可以决定其在一定期限内不准出境，并通知移民管理机构。 对涉嫌间谍行为人员，省级以上国家安全机关可以通知移民管理机构不准其出境。
	第三十四条　对入境后可能进行危害中华人民共和国国家安全活动的境外人员，国务院国家安全主管部门可以通知移民管理机构不准其入境。
	第三十五条　对国家安全机关通知不准出境或者不准入境的人员，移民管理机构应当按照国家有关规定执行；不准出境、入境情形消失的，国家安全机关应当及时撤销不准出境、入境决定，并通知移民管理机构。
	第三十六条　国家安全机关发现涉及间谍行为的网络信息内容或者网络攻击等风险，应当依照《中华人民共和国网络安全法》规定的职责分工，及时通报有关部门，由其依法处置或者责令电信业务经营者、互联网服务提供者及时采取

续表

2014 年《反间谍法》	2023 年《反间谍法》
	修复漏洞、加固网络防护、停止传输、消除程序和内容、暂停相关服务、下架相关应用、关闭相关网站等措施，保存相关记录。情况紧急，不立即采取措施将对国家安全造成严重危害的，由国家安全机关责令有关单位修复漏洞、停止相关传输、暂停相关服务，并通报有关部门。 经采取相关措施，上述信息内容或者风险已经消除的，国家安全机关和有关部门应当及时作出恢复相关传输和服务的决定。
第十二条　国家安全机关因侦察间谍~~行为的~~需要，根据国家有关规定，经过严格的批准手续，可以采取技术侦察措施。	第三十七条　国家安全机关因反间谍工作需要，根据国家有关规定，经过严格的批准手续，可以采取技术侦察措施和身份保护措施。
	第三十八条　对违反本法规定，涉嫌犯罪，需要对有关事项是否属于国家秘密或者情报进行鉴定以及需要对危害后果进行评估的，由国家保密部门或者省、自治区、直辖市保密部门按照程序在一定期限内进行鉴定和组织评估。
	第三十九条　国家安全机关经调查，发现间谍行为涉嫌犯罪的，应当依照《中华人民共和国刑事诉讼法》的规定立案侦查。

续表

2014 年《反间谍法》	2023 年《反间谍法》
	第四章 保障与监督
第十八条 国家安全机关工作人员依法**执行职务**受法律保护。	第四十条 国家安全机关工作人员依法**履行职责，**受法律保护。
	第四十一条 国家安全机关依法调查间谍行为，邮政、快递等物流运营单位和电信业务经营者、互联网服务提供者应当提供必要的支持和协助。
第十一条第一款 国家安全机关的工作人员**在依法**执行紧急任务~~的情况下~~，经出示**相应**证件，**可以**优先乘坐公共交通工具~~，遇交通阻碍时~~，优先通行。	第四十二条 国家安全机关工作人员**因**执行紧急任务**需要**，经出示**工作**证件，**享有**优先乘坐公共交通工具、优先通行**等通行便利**。
第十条 国家安全机关的工作人员依法执行任务时，依照规定出示**相应**证件，可以进入有关场所、单位；根据国家有关规定，经过批准，出示**相应**证件，可以进入限制进入的有关地区、场所、单位~~，查阅或者调取有关的档案、资料、物品~~。	第四十三条 国家安全机关工作人员依法执行任务时，依照规定出示**工作**证件，可以进入有关场所、单位；根据国家有关规定，经过批准，出示**工作**证件，可以进入限制进入的有关地区、场所、单位。
第十一条第二款 国家安全机关因反间谍工作需要，**按照**国家有关规定，可以优先使用或者依法征用机关、团体、企业事业组织和个人的交通工具、通信工具、场地和建筑物，必要时~~，~~可以设置相关工	第四十四条 国家安全机关因反间谍工作需要，**根据**国家有关规定，可以优先使用或者依法征用**国家**机关、**人民**团体、企业事业组织和**其他社会组织以及**个人的交通工具、通信工具、场地和建筑物**等**，

续表

2014 年《反间谍法》	2023 年《反间谍法》
作场所和**设备、设施**，任务完成后应当及时归还或者恢复原状，并依照规定支付相应费用；造成损失的，应当补偿。	必要时可以设置相关工作场所和**设施设备**，任务完成后应当及时归还或者恢复原状，并依照规定支付相应费用；造成损失的，应当**给予**补偿。
第**十四**条　国家安全机关因反间谍工作需要，根据国家有关规定，可以提请海关、**边防**等检查机关对有关人员**和**资料、器材免检。有关检查机关应当予以协助。	第**四十五**条　国家安全机关因反间谍工作需要，根据国家有关规定，可以提请海关、**移民管理**等检查机关对有关人员**提供通关便利，对有关**资料、器材**等予以**免检。有关检查机关应当**依法**予以协助。
第二十条　**公民和组织应当为反间谍工作提供便利或者其他协助。** 因协助反间谍工作，本人或者其近亲属的人身安全面临危险的，可以向国家安全机关请求予以保护。国家安全机关应当会同有关部门依法采取保护措施。	第四十六条　**国家安全机关工作人员因执行任务，或者个人因协助执行反间谍工作任务，本人或者其近亲属的人身安全受到威胁时，国家安全机关应当会同有关部门依法采取必要措施，予以保护、营救。** **个人因支持、**协助反间谍工作，本人或者其近亲属的人身安全面临危险的，可以向国家安全机关请求予以保护。国家安全机关应当会同有关部门依法采取保护措施。 **个人和组织因支持、协助反间谍工作导致财产损失的，根据国家有关规定给予补偿。**
	第四十七条　对为反间谍工作做出贡献并需要安置的人员，国家给予妥善安置。

续表

2014年《反间谍法》	2023年《反间谍法》
	公安、民政、财政、卫生健康、教育、人力资源和社会保障、退役军人事务、医疗保障、移民管理等有关部门以及国有企业事业单位应当协助国家安全机关做好安置工作。
	第四十八条　对因开展反间谍工作或者支持、协助反间谍工作导致伤残或者牺牲、死亡的人员，根据国家有关规定给予相应的抚恤优待。
	第四十九条　国家鼓励反间谍领域科技创新，发挥科技在反间谍工作中的作用。
	第五十条　国家安全机关应当加强反间谍专业力量人才队伍建设和专业训练，提升反间谍工作能力。 对国家安全机关工作人员应当有计划地进行政治、理论和业务培训。培训应当坚持理论联系实际、按需施教、讲求实效，提高专业能力。
	第五十一条　国家安全机关应当严格执行内部监督和安全审查制度，对其工作人员遵守法律和纪律等情况进行监督，并依法采取必要措施，定期或者不定期进行安全审查。

续表

2014 年《反间谍法》	2023 年《反间谍法》
第二十六条　任何个人和组织对国家安全机关及其工作人员超越职权、滥用职权和其他违法行为，都有权向上级国家安全机关或者有关部门检举、控告。受理检举、控告的国家安全机关或者有关部门应当及时查清事实，**负责**处理，并将处理结果及时告知检举人、控告人。 对协助国家安全机关工作或者依法检举、控告的个人和组织，任何个人和组织不得压制和打击报复。	第**五十二**条　任何个人和组织对国家安全机关及其工作人员超越职权、滥用职权和其他违法行为，都有权向上级国家安全机关或者**监察机关、人民检察院等**有关部门检举、控告。受理检举、控告的国家安全机关或者**监察机关、人民检察院等**有关部门应当及时查清事实，**依法**处理，并将处理结果及时告知检举人、控告人。 对**支持、**协助国家安全机关工作或者依法检举、控告的个人和组织，任何个人和组织不得压制和打击报复。
第**四**章　法律责任	第**五**章　法律责任
第二十七条第一款　~~境外机构、组织、个人实施或者指使、资助他人实施，或者境内机构、组织、个人与境外机构、组织、个人相勾结~~实施间谍行为，构成犯罪的，依法追究刑事责任。	第五十三条　实施间谍行为，构成犯罪的，依法追究刑事责任。
	第五十四条　个人实施间谍行为，尚不构成犯罪的，由国家安全机关予以警告或者处十五日以下行政拘留，单处或者并处五万元以下罚款，违法所得在五万元以上的，单处或者并处违法所得一倍以上五倍以下罚款，并可以由有关部门依法予以处分。

续表

2014 年《反间谍法》	2023 年《反间谍法》
	明知他人实施间谍行为，为其提供信息、资金、物资、劳务、技术、场所等支持、协助，或者窝藏、包庇，尚不构成犯罪的，依照前款的规定处罚。 **单位有前两款行为的，由国家安全机关予以警告，单处或者并处五十万元以下罚款，违法所得在五十万元以上的，单处或者并处违法所得一倍以上五倍以下罚款，并对直接负责的主管人员和其他直接责任人员，依照第一款的规定处罚。** **国家安全机关根据相关单位、人员违法情节和后果，可以建议有关主管部门依法责令停止从事相关业务、提供相关服务或者责令停产停业、吊销有关证照、撤销登记。有关主管部门应当将作出行政处理的情况及时反馈国家安全机关。**
第二十七条第二款 实施间谍行为，有自首或者立功表现的，可以从轻、减轻或者免除处罚；有重大立功表现的，给予奖励。 第二十八条 在境外受胁迫或者受诱骗参加**敌对组织、间谍组织**，从事危害中华人民共和国国家安全的活动，及时向中华人民共和国驻外机构如实说明情况，或者入境后直接或者通过所在单位及时向国家安全机关~~、公安机关~~如实说明情况，并有悔改表现的，可以不予追究。	第五十五条 实施间谍行为，有自首或者立功表现的，可以从轻、减轻或者免除处罚；有重大立功表现的，给予奖励。 在境外受胁迫或者受诱骗参加**间谍组织、敌对组织**，从事危害中华人民共和国国家安全的活动，及时向中华人民共和国驻外机构如实说明情况，或者入境后直接或者通过所在单位及时向国家安全机关如实说明情况，并有悔改表现的，可以不予追究。

续表

2014年《反间谍法》	2023年《反间谍法》
	第五十六条　国家机关、人民团体、企业事业组织和其他社会组织未按照本法规定履行反间谍安全防范义务的，国家安全机关可以责令改正；未按照要求改正的，国家安全机关可以约谈相关负责人，必要时可以将约谈情况通报该单位上级主管部门；产生危害后果或者不良影响的，国家安全机关可以予以警告、通报批评；情节严重的，对负有责任的领导人员和直接责任人员，由有关部门依法予以处分。
	第五十七条　违反本法第二十一条规定新建、改建、扩建建设项目的，由国家安全机关责令改正，予以警告；拒不改正或者情节严重的，责令停止建设或者使用、暂扣或者吊销许可证件，或者建议有关主管部门依法予以处理。
	第五十八条　违反本法第四十一条规定的，由国家安全机关责令改正，予以警告或者通报批评；拒不改正或者情节严重的，由有关主管部门依照相关法律法规予以处罚。
	第五十九条　违反本法规定，拒不配合数据调取的，由国家安全机关依照《中华人民共和国数据安全法》的有关规定予以处罚。

续表

2014 年《反间谍法》	2023 年《反间谍法》
第二十九条　明知他人有间谍犯罪行为，在国家安全机关向其调查有关情况、收集有关证据时，拒绝提供的~~，由其所在单位或者上级主管部门予以处分，或者由国家安全机关处十五日以下行政拘留；构成犯罪的，依法追究刑事责任~~。 **第三十条**　~~以暴力、威胁方法阻碍国家安全机关依法执行任务的，依法追究刑事责任~~。故意阻碍国家安全机关依法执行任务~~，未使用暴力、威胁方法，造成严重后果的，依法追究刑事责任；情节较轻的，由国家安全机关处十五日以下行政拘留~~。 **第三十一条**　泄露有关反间谍工作的国家秘密的~~，由国家安全机关处十五日以下行政拘留；构成犯罪的，依法追究刑事责任~~。 **第三十三条**　隐藏、转移、变卖、损毁国家安全机关依法查封、扣押、冻结的财物~~的，或者~~明知是间谍**活动**的涉案财物而窝藏、转移、收购、代为销售或者以其他方法掩饰、隐瞒的~~，由国家安全机关追回。构成犯罪的，依法追究刑事责任~~。	第六十条　**违反本法规定，有下列行为之一，构成犯罪的，依法追究刑事责任；尚不构成犯罪的，由国家安全机关予以警告或者处十日以下行政拘留，可以并处三万元以下罚款：** （一）泄露有关反间谍工作的国家秘密； （二）明知他人有间谍犯罪行为，在国家安全机关向其调查有关情况、收集有关证据时，拒绝提供； （三）故意阻碍国家安全机关依法执行任务； （四）隐藏、转移、变卖、损毁国家安全机关依法查封、扣押、冻结的财物； （五）明知是间谍**行为**的涉案财物而窝藏、转移、收购、代为销售或者以其他方法掩饰、隐瞒； **（六）对依法支持、协助国家安全机关工作的个人和组织进行打击报复。**
第三十二条　对非法持有属于国家秘密的文件、资料**和其他**物品的，以及非法持有、使用专用间谍	第六十一条　非法**获取**、持有属于国家秘密的文件、**数据**、资料、物品，以及非法**生产**、**销售**、

续表

2014 年《反间谍法》	2023 年《反间谍法》
器材的，~~国家安全机关可以依法对其人身、物品、住处和其他有关的地方进行搜查；对其非法持有的属于国家秘密的文件、资料和其他物品，以及非法持有、使用的专用间谍器材予以没收。非法持有属于国家秘密的文件、资料和其他物品，构成犯罪的，依法追究刑事责任；~~尚不构成犯罪的，由国家安全机关予以警告或者处十五日以下行政拘留。	持有、使用专用间谍器材，尚不构成犯罪的，由国家安全机关予以警告或者处**十**日以下行政拘留。
第三十六条第一款　国家安全机关对依照本法查封、扣押、冻结的财物，应当妥善保管，并按照下列情形分别处理： （一）涉嫌犯罪的，依照刑事诉讼法的规定处理； （二）尚不构成犯罪，有违法事实的，对依法应当没收的予以没收，依法应当销毁的予以销毁； （三）没有违法事实的，或者与案件无关的，应当解除查封、扣押、冻结，并及时返还相关财物；造成损失的，应当依法赔偿。	第六十二条　国家安全机关对依照本法查封、扣押、冻结的财物，应当妥善保管，并按照下列情形分别处理： （一）涉嫌犯罪的，依照《**中华人民共和国**刑事诉讼法》**等有关法律**的规定处理； （二）尚不构成犯罪，有违法事实的，对依法应当没收的予以没收，依法应当销毁的予以销毁； （三）没有违法事实的，或者与案件无关的，应当解除查封、扣押、冻结，并及时返还相关财物；造成损失的，应当依法**予以**赔偿。
	第六十三条　涉案财物符合下列情形之一的，应当依法予以追缴、没收，或者采取措施消除隐患： **（一）违法所得的财物及其孳**

续表

2014 年《反间谍法》	2023 年《反间谍法》
	息、收益，供实施间谍行为所用的本人财物； （二）非法获取、持有的属于国家秘密的文件、数据、资料、物品； （三）非法生产、销售、持有、使用的专用间谍器材。
	第六十四条　行为人及其近亲属或者其他相关人员，因行为人实施间谍行为从间谍组织及其代理人获取的所有利益，由国家安全机关依法采取追缴、没收等措施。
第三十六条第二款　国家安全机关没收的财物，一律上缴国库。	第六十五条　国家安全机关依法收缴的罚款以及没收的财物，一律上缴国库。
第三十四条　境外人员违反本法的，可以限期离境或者驱逐出境。	第六十六条　境外人员违反本法的，国务院国家安全主管部门可以决定限期出境，并决定其不准入境的期限。未在规定期限内离境的，可以遣送出境。 对违反本法的境外人员，国务院国家安全主管部门决定驱逐出境的，自被驱逐出境之日起十年内不准入境，国务院国家安全主管部门的处罚决定为最终决定。
	第六十七条　国家安全机关作出行政处罚决定之前，应当告知当事人拟作出的行政处罚内容及事

续表

2014 年《反间谍法》	2023 年《反间谍法》
	实、理由、依据，以及当事人依法享有的陈述、申辩、要求听证等权利，并依照《中华人民共和国行政处罚法》的有关规定实施。
第三十五条　当事人对行政处罚决定、行政强制措施决定不服的，可以自**接**到决定书之日起六十日内，~~向作出决定的上一级机关~~申请复议；对复议决定不服的，可以自**接**到复议决定书之日起十五日内向人民法院提起诉讼。	第六十八条　当事人对行政处罚决定、行政强制措施决定**、行政许可决定**不服的，可以自**收**到决定书之日起六十日内，**依法**申请复议；对复议决定不服的，可以自**收**到复议决定书之日起十五日内，**依法**向人民法院提起诉讼。
第三十七条　国家安全机关工作人员滥用职权、玩忽职守、徇私舞弊，~~构成犯罪的，~~或者有非法拘禁、刑讯逼供、暴力取证、违反规定泄露国家秘密、商业秘密和个人隐私等行为，构成犯罪的，依法追究刑事责任。	第六十九条　国家安全机关工作人员滥用职权、玩忽职守、徇私舞弊，或者有非法拘禁、刑讯逼供、暴力取证、违反规定泄露国家秘密、**工作秘密**、商业秘密和个人隐私、**个人信息**等行为，**依法予以处分，**构成犯罪的，依法追究刑事责任。
第五章　附　　则	第六章　附　　则
第三十九条　国家安全机关~~、公安机关~~依照法律、行政法规和国家有关规定，履行防范、制止和惩治间谍行为以外的~~其他~~危害国家安全行为的职责，适用本法的有关规定。	第七十条　国家安全机关依照法律、行政法规和国家有关规定，履行防范、制止和惩治间谍行为以外的危害国家安全行为的职责，适用本法的有关规定。 **公安机关在依法履行职责过程中发现、惩治危害国家安全的行为，适用本法的有关规定。**

续表

2014 年《反间谍法》	2023 年《反间谍法》
第四十条　本法自公布之日起施行。~~1993 年 2 月 22 日第七届全国人民代表大会常务委员会第三十次会议通过的《中华人民共和国国家安全法》同时废止。~~	第七十一条　本法自 **2023 年 7 月 1 日**起施行。